대혼란의 세상
희망을 찾아서

대혼란의 세상, 희망을 찾아서
한반도에서 세계로, AI에서 기후재난까지

초판 1쇄 발행 2024년 10월 5일

기획 **평화네트워크** | 지은이 **김종대·서보혁·서의동·성현국·염창근·윤영상·이서영·장영희·장예지·전다현·정욱식·정일영·최지은·황용하** | 펴낸이 **임경훈** | 편집 **윤정아**
펴낸곳 **롤러코스터** | 출판등록 제2019-000296호
주소 서울시 마포구 월드컵북로 400 서울경제진흥원 5층 17호
이메일 book@rcoaster.com | 전화 070-7768-6066 | 팩스 02-6499-6067

ISBN 979-11-91311-51-8 03340

ⓒ김종대 외, 2024

한반도에서 세계로, AI에서 기후재난까지 ✦

대혼란의 세상
희망을 찾아서

평화네트워크 기획

김종대 · 서보혁

서의동 · 성현국

염창근 · 윤영상

이서영 · 장영희

장예지 · 전다현

정욱식 · 정일영

최지은 · 황용하

지음

머리말

"단체 이름은 뭐가 좋을까?"

25년 전 여름, 몇몇 사람들이 서강대 잔디밭에서 막걸리 잔을 기울이며 머리를 맞댔다.

"우리가 왜 모였지?"

"한반도 평화를 위해 뭔가를 해보자고 해서."

"평화운동의 주체는 누구지?"

"우리 같은 시민이지."

"돈도 사람도 별로 없는데 무슨 수로 평화운동을 하지?"

"연대, 그러니까 네트워크로 해야지."

이런 논의를 거쳐 '한반도 평화를 위한 시민네트워크'가 탄생했다. 나중에 '우리가 한반도 평화만 다루는 단체가 아니니까 약칭인 평화네트워크를 공식 명칭으로 하자'는 데 뜻이 모아졌다. 그리고 대학 졸업을 앞둔 내가 상근을 하겠다고 우겼고 '그럼 네가 대표를 맡아달라'고 해서 장기 집권(?)의 서막이 올랐다. 나는 25년이 흐른 지금까지도 대표를 맡고 있다.

장기 집권의 영광과 더불어 마음 한편에는 늘 송구함과 아쉬움이 있었다. '평화네트워크=정욱식'이라는 등식을 깨고 싶었다. 이 책은 그 결과물 가운데 하나이다. 사실 창립 25주년이 다가오면서 단체의 앞날에 대해 고민이 많았다. 처음 단체를 만들 때는 "텐트 하나 치는 거야"라고 말했었다. 열심히 해보겠지만 아니다 싶으면 접겠다는 뜻이었다. 꺾어지는 해를 맞이하면서 오랜 시간 평화네트워크와 함께 해온 분들에게 연락했다. '같이, 다시 해보자'는 데 뜻이 모아졌다. 운영위원을 맡아달라고 부탁했는데 놀랍게도 모두 수락했다. '같이 책을 쓰는 것으로 시작해보자'고 했다.

서문을 쓰다가 윤석열 대통령의 8·15 광복절 경축사를 접했다. '자유의 전도사'답게 "자유"가 50회 등장했다. "통일"도 36회, "북한"도 32회였다. 이들 세 단어는 연결되어 있었다. 요약하자면 '북한을 자유화해 자유민주주의 통일을 이룩하자'는 것이었다. 반면 "일본"은 2회 언급됐다. 일본에 반성을 촉구하는 내용도 없었다. 이쯤 되면 광복절 경축사인지 6·25전쟁 기념사인지 헷갈린다. 이에 앞선 2023년 말~2024년 초에는 김정은 국무위원장이 동족과 통일 개념을 폐기하고 남북관계가 "적대적이고 교전 중인 두 국가로 교착"됐다고 선언했다. 민주든 보수든 대한민국 정부가 흡수통일을 추구했다는 점을 주된 이유로 들었다. 윤석열 정부가 김정은 정권의 '적대적 두 국가론'에 '적대적 통일론'으로 맞불을 놓은 셈이다.

그런데 김정은 정권의 '헤어질 결심'도 윤석열 정부의 '통일할 결심'도 하나의 뿌리에 똬리를 틀고 있다. 바로 적대성이다. '통일 지향적인 특수관계론'에 입각해 있었던 구체제를 해체하겠다고 나선 김정은 정권은 적대성을 강화시키는 방향으로 '신체제', 즉 '두 국가론'을 들고 나왔다. 이를 '반통일·반민족'으로 규정한 윤석열 정부는 구체제의 적대성, 즉 '흡수통일론'을 더 강하게 부여잡고 있다. 이러한 두 정권의 동상이몽은 한반도 주민들의 불안감과 고단함으로 고스란히 전가되고 있다. 조선(북한)의 기아와 빈곤이 과거보다 개선됐다고는 하지만 가야 할 길이 아직 멀다. 한국의 민생과 민주주의·인권·자유의 수준도 눈에 띄게 하락하고 있다. 이러한 상황에서 양측 정부는 적대성을 완화하려는 노력보다 오히려 적대성을 정권 유지의 기반으로 삼으려 한다. '변형된 적대적 의존 관계'라고 해도 과언이 아닌 셈이다.

시야를 한반도 밖으로 돌려보자. 2022년 2월 러시아의 불법적인 침략으로 시작된 우크라이나 전쟁은 장기화의 늪에 빠져들고 있다. 2023년 10월 하마스의 기습적이고도 야만적인 테러에 대해 이스라엘 정권은 가자지구 대량 학살로 응수하고 있다. '정치적 양극화'라는 국내적 위기와 '리더십 쇠퇴'라는 국제적 도전에 직면한 미국은 중국의 부상을 억눌러 패권의 자리를 유지하려 하고 시진핑 1인 체제 강화에 나선 중국도 이에 맞대응하면서 신냉전이 고개를 들고 있다. 이 와중에 대만 문제는 지정학적·지경학적 경쟁의 '핫스폿'으로 떠오르고 있다. 전쟁과 군비경쟁이 지구촌을 휘감고 있는 사이에 기후변화는 위기를 지나 재앙 수준으로 치닫고 있다.

이 책에는 이러한 문제의식과 나름대로의 해법이 두루 담겼다. 먼저 저명한 안보 전문가인 김종대는 AI 시대의 전쟁과 평화를 다뤘다. 우크라이나와 가자지구 등 최근의 전장과 무기 개발에 있어서 AI가 어떻게 적용되고 있고 그 위험성이 무엇인지를 집중적으로 소개하면서 AI 무기의 통제 필요성을 언급했다.

이어서 한반도 문제와 관련해서는 다섯 편의 글을 수록했다. 먼저 나는 한반도 평화를 추구하면서도 강력한 국방력 건설에 나선 것이 문제인 정부의 평화정책이 실패의 주요 원인이었다고 주장하면서 이러한 이중사고를 극복하는 것이 중요한 과제임을 강조하고자 했다. 남북관계 전문가인 정일영은 최악의 상태에 빠진 남북관계를 되살리기 위해 무엇을 할 것인지에 대한 고민을 담았다. 그는 남북관계의 연속성을 보장하기 위한 제도화 방안을 제시하고 있으며 정부의 남북관계 독점을 타파하고 시민사회가 역할을 확대해야 한다고 주장했다. 진보적 평화담론을 오랫동안 고민해온 윤영상은 한반도의 전쟁 위기를 극복할 수 있는 가장 현실적인 방안은 한국과 조선이 서로의 국가성을 인정하면서 외교관계를 수립하는 데 있다고 역설했다. 이를 위해 한국 내에서 초당적 평화연합을 구축하고 한국과 조선의 평화공존을 위해 헌법을 개정하자고 호소했다. 평화네트워크 운영위원장인 성현국은 다른 나라들의 사례를 소개하면서 '한반도의 북쪽을 뭐라고 부르는 것이 바람직할까'라는 고민스러운 질문을 던졌다. 최근 《군사주의: 폭력의 이데올로기와 작동 방식》이라는 책을 써낸 서보혁은 남북한의 오랜 적대관계를 '군사주의'로 바라볼 것을 제안하면서 정권 차원과 주민 차원의 상호 인식을 균형적으로 검토했다. 그리고 남북 간에, 한반도 주변 국제적 차원에서 전개되는 군비경쟁과 상호 인식을 논의하면서 적대의식과 선택주의적 정책 관행의 성찰이 탈군사화를 예비하는 길이라고 말한다.

국제 문제이면서 한반도와도 긴밀한 연관을 갖고 있는 글들도 함께 담았다. 양안관계 전문가인 장영희는 대만해협과 한반도의 안보 위기가 세력균형을 추구하는 미국이라는 연결고리에 의해 상호작용한다고 분석했다. 주한미군의 전략적 유연성 문제와 지역 분쟁 시 한국의 역할에 대한 미국의 입장이 점점 강화되고 있는 상황에서 중국의 의도, 능력, 의지를 정밀하게 판단하고 과장된 위협 내러티브에 휩쓸리지 않아야 하며 한국이 안보 딜레마를 강화하는 방향에 끌려가지 않는 길을 찾아야 한다고 주장했다. 일본 전문가인 서의동은 윤석열 정부 이후 한일관계가 '다시는 사죄하지 않겠다'는 아베의 유훈에 지배되고 있는 현실을 지적하는 한편, 일본의 대북 접근이 일본의 '21세기판 탈아입구' 전략에서 비롯된 것이라고 분석했다. 한국은 일본에 구애하는데 일본은 북한에 추파를 보내는 '큐피드의 엇갈림'이 이뤄지고 있는 배경도 살펴봤다. 〈한겨레〉 베를린 특파원인 장예지 기자는 우크라이나 전쟁의 향방에 관한 다양한 시나리오를 소개했다. 뒤이어 개발협력 전문가인 최지은은 세계은행에서 사이프러스 통일 협상을 지원한 경험을 바탕으로 북한 개발협력의 필요성을 논의했다. 현 정치 상황에서도 가능할 수 있는 제도 변화, 북한의 국제금융기구 가입 지원, 새로운 다자기구 설립 등을 제안하면서, 한반도 문제의 해법으로 개발협력을 포괄하는 광범위한 영역의 확장이 필요함을 강조했다.

  많은 고민과 의문으로 미래를 그리는 청년들의 목소리도 담아냈다. 20대 청년인 황용하와 이서영은 한국 청년들이 평화에 무관심하게 된 근본적인 이유를 악순환이 반복되는 남북관계와 평화롭지 않은 국제사회 현실에서 찾고, 이를 탈피하기 위해 평화를 보는 시각을 넓혀야 함을 강조했다. 이제껏 세상에서 당연하다고 배워온 것에 대한 청년들의 의문을 담아냈고, 불편해도 이해해야 할 것과 두려워도 부딪쳐야 하는 마음을 녹여냈다.

책의 마지막 부분은 지구촌 문제에 초점을 맞췄다. 전다현과 염창근은 더욱 커져가는 기후 재난과 전쟁으로 대규모 피해와 난민 발생이 불가피한 시대가 됐음에도 여전히 계속되고 있는 군비경쟁이 지구의 한계선을 무너뜨리는 길임을 주장했다. 대신 군사적 성장주의에서 벗어나 상호 돌봄을 중심에 두는 '탈성장 평화'라는 공존의 사회를 상상하자고 제안했다. 끝으로 나는 군비경쟁과 기후 위기의 상관관계에 주목하면서 복합적이고 다중적인 위기에 처한 지구촌의 현실을 바꾸는 데에 왜 군축과 군비통제가 '선택적 변화'의 핵심이 되어야 하는지를 소개했다.

25년 전 평화네트워크가 세상에 내놓은 슬로건은 '소수의 담론을 우리의 언어로'였다. 소수의 권력자들이 결정하는 대북·외교·국방 정책이 다수의 보통 사람들에게 큰 영향을 미치는 현실을 목도하면서 이들 정책 역시 민주화가 필요하다는 문제의식을 담은 표현이었다. 또 '평화를 만드는 작지만 큰 힘'이 되겠다는 포부도 밝혔었다. 이 두 가지 창립 정신이 압축된 이름이 바로 '평화네트워크'였다. 평화가 다수의 언어가 될 수 있도록 작은 단체가 네트워크를 통해 큰 힘을 발휘해보자는 뜻이 담겨 있었다. 이러한 포부와 세상 사이의 간극이 갈수록 커지면서 역부족을 실감하게 된다.

하지만 역부족의 실감이 분발의 계기가 되어야 한다는 '다짐의 끈'을 놓고 싶지는 않다. 이 책의 저자들도 같은 생각이다. 초심을 되새기고 부족함을 성찰하며 달라진 현실을 직시하면서 새로운 대안을 모색하고자 하는 마음을 책에 담았다. 25년간 평화네트워크를 아껴주신 분들에게 감사의 마음과 더불어 앞으로도 같이 해주시기를 바란다는 부탁의 말씀을 드린다.

2024년 9월,
저자들을 대신해서
정욱식 올림

차례

머리말 _정욱식 • 4

1   AI 시대의 전쟁과 평화 ——————————— • 15
    김종대_연세대 통일연구원 객원교수

2   "낡고 좁은 사고"의 진보가 '이중사고'의 문재인에게 ——— • 29
    정욱식_평화네트워크 대표, 한겨레평화연구소 소장

3   남북관계, 무너짐과 되살림에 관하여 ——————— • 49
    정일영_서강대 사회과학연구소 연구교수

4   평화공존의 '투 코리아' 전략은 불가능한가? ————— • 65
    윤영상_KAIST 문술미래전략대학원 연구조교수

5   한반도의 북쪽을 뭐라고 부를까? ——————— • 85
    성현국_평화네트워크 운영위원장

6   위기의 한반도, 탈군사주의에서 대안을 찾자 ———— • 101
    서보혁_통일연구원 연구위원

7   양안관계와 한반도, 휘말림에 대하여 ——————— • 125
    장영희_충남대 평화안보연구소 교수

8	한반도와 일본, 그 엇갈림에 관하여 — •147
	서의동_〈경향신문〉 논설위원

9	우크라이나 전쟁은 어디로? — •173
	장예지_〈한겨레〉 국제부 기자

10	평화를 위한 북한 개발협력 — •193
	최지은_세계은행 시니어 이코노미스트

11	청년, 우리들의 생각은? — •209
	황용하_평화네트워크 연구원 · **이서영**_평화네트워크 운영위원

12	기후 재난 시대, 탈성장 평화에 대한 모색 — •225
	전다현_〈비즈한국〉 기자 · **염창근**_평화바닥 활동가

13	복합·다중 위기의 시대, 군축에서 희망을 — •245
	정욱식_평화네트워크 대표, 한겨레평화연구소 소장

주석 •261

AI 시대의 전쟁과 평화

김종대
연세대 통일연구원 객원교수

거대 언어 모델로 알려진 생성형 AI 외에 안면인식, 영상 조작, 물류와 통신, 심지어 무기체계에 있어서도 AI는 도약적인 국면을 맞이하고 있다. 지금의 기술 혁명이 인류에게 유토피아인지, 아니면 디스토피아인지에 대해서는 전문가들 사이에서도 합의된 의견이 없다. 그러나 최근의 AI 발전에 대한 경고는 1940년대 핵무기 개발 당시와 몇 가지 점에서 유사하다.

이스라엘-하마스 전쟁에서의 충격

팔레스타인과 이스라엘 출신 언론인들이 운영하는 비영리 매거진 〈+972〉는 2024년 4월 초 충격적인 사실을 폭로했다. 이 매체에 따르면 이스라엘은 그 전해인 2023년 10월에 하마스로부터 습격을 당한 뒤 가자지구로 지상군을 투입하면서 하마스를 궤멸하기 위해 표적을 제공해주는 AI(인공지능) 시스템 '라벤더'를 활용했다. 라벤더 시스템은 이스라엘이 축적한 팔레스타인 관련 데이터를 분석하여 누가 하마스 전사인지를 식별하는 알고리즘이다. 이스라엘 8200부대가 개발한 이 시스템은 약 3만 7,000명의 하마스 전사 정보를 타깃으로 제공하여 빠르고 치명적인 공격을 가능하게 했다.[1] 이스라엘 정부는 이 보도에 대해 "라벤더는 AI가 아니라 여러 데이터를 참조하도록 하는 데이터 수집 시스템"이라 해명하며 표적을 정하는 데 AI를 활용한 적이 없다고 부인했다. 그러나 매체에 정보를 제공한 현직 이스라엘 정보장교 6명은 상부로부터 끊임없는 독촉과 압박으로, 표적을 정하는 시간과 노력을 대폭 절약하기 위해 AI 알고리즘에 의존하게 됐다고 얘기하며 이 시스템을 활용하면 "하나의 표적을 정하는 데 20초면 됐다"는 구체적인 방식까지 설명했다.[2]

이스라엘군의 정보장교들은 이 시스템으로 하루에 100개 이상의 표적을 공격 부대에 전달할 수 있었다. 정해진 표적이 진짜 하마스 요원인지 아닌지 공격 부대는 검증하지 않고 '멍텅구리 폭탄'으로 알려진 비유도 폭탄*으로 공격했다. 정보장교들은 하마스 전사와 유사한 특징을 가진 경찰, 소방관, 행정요원까지 폭넓게 하마스 요원으로 인정할 수 있도록 매개변수를 완화하여 더 많은 하마스 표적을 요구하는 군대의 뜻에 부응했다.

이스라엘 공군은 작전 성공률을 높이기 위해 작전 중인 하마스 요원을 공격하는 것보다 주거지에 귀가한 하마스 요원의 주거지를 폭격하는 방식의 공격을 선호했다. 전쟁이 시작된 이후 팔레스타인에서 10명 이상의 가족이 한꺼번에 몰살당한 가구

* 비유도 폭탄은 정밀성이 떨어져 넓은 지역을 광범위하게 파괴한다.

수는 2024년 4월 기준 312가구에 달한다. 최단 시간에 하마스를 궤멸시키겠다고 한 네타냐후 이스라엘 총리는 더 많은 군사적 성과를 거두어 정권을 유지해야 했는데, 이것이 바로 3만 명이 넘는 민간인이 학살당한 이유를 설명해준다.

인류 최초로 AI가 표적 설정과 공격에 검증 없이 활용된 이스라엘-하마스 전쟁은 가히 '전쟁의 특이점'이라고 할 만하다. 여기에는 세 가지 특징이 있다.

첫째, 인간이 기계에 자발적으로 복종했다는 점이다. AI를 전투에 적극 활용하는 것을 지지하는 사람들은 아무리 AI의 성능이 뛰어나다고 해도 AI는 인간의 결정을 돕는 보조적인 수단이라는 점을 강조하며 '인간의 지배'는 흔들리지 않는다고 주장한다. 미국의 경우에는 조 바이든 대통령의 행정명령을 통해 군과 정부 기관이 AI의 안전성과 신뢰성을 엄격히 평가하고 있으며, 반드시 공격 명령은 인간이 하는 것임을 천명하고 있다.[3] 그러나 이런 미국의 정책을 전 세계가 그대로 준수한다는 보장은 없다. 이스라엘의 경우 라벤더 시스템과 쌍을 이루는 AI 가스펠 시스템이 있다. 이 시스템은 하마스 건물을 식별하는 데이터를 검증 과정 없이 곧바로 실전에서 사용할 수 있도록 설계됐다. 피로와 압박에 시달리는 이스라엘 정보장교들은 스스로 기계에 종속되기를 자처하면서 분석 오류의 책임으로부터도 면책됐다. 만일 표적 선정에 문제가 발견되더라도 "기계가 한 일"이라며 책임지지 않을 수 있다. 이 때문에 전쟁이 진행될수록 인간은 더욱 기계에 의존하고 복종하기에 이른다. 이런 상황들은 AI를 인간이 통제할 수 있다는 인간 우위의 사고가 붕괴될 수 있음을 일깨운다.

둘째, 기계는 인간성이나 여론을 고려하지 않고 냉혹하게 임무를 수행하면서 기계와 인간의 사고방식이 다르다는 점을 드러낸다. 이 점은 이스라엘-하마스 전쟁에서 실제로 확인되고 있다. 미 국방부가 생성형 AI LLM(Large Language Model, 거대 언어 모델)을 군의 전투 의사결정에 활용한 시뮬레이션 결과는 충격적이었다. 기계팀은 인간팀과 달리 평시에 군비경쟁이나 봉쇄와 같은 정책을 선호했고 막상 분쟁이 발생하면 선제공격이나 핵무기 사용에도 높은 가중치를 부여했다.[4] 2024년 미 국방부는 실험 결과에 따라 생성형 AI 사용이 핵전쟁 위협을 고조시킨다 판단하고 러시아와 중국에 핵무기 지휘통제에서 AI 사용을 제한하는 회담을 개최하자고 제안했다.[5] 이에 대해 중국은 핵선제불사용 원칙을 먼저 합의하자고 미국에 역제안을 하며 AI와 관련된 별도의 회담에 응하지 않고 있다.

셋째, AI를 군사적으로 활용하는 데 대한 어떤 국제법이나 국제규범이 존재하지 않는다. 현재 미국과 서방 국가들은 AI를 군사적으로 활용하는 것을 제한하는 국제규범이 시급히 필요하다며 이 문제를 유엔UN에서 논의하자는 입장이다. 하지만 막상 자국 내에서는 군사용 AI 연구를 대폭 활성화하고 있다. 미국은 2023년 회계연도 국방 예산에서부터 AI를 군사적으로 응용하는 데 30억 달러 이상을 배정하여 군의 전투 의사결정과 데이터 관리, 교육훈련에 활용하는 방안을 대폭 확대했다. 이에 미국 군대의 전투 시스템에 생성형 AI 서비스를 제공하는 스타트업이 활성화되고 있다.* 이를 통해 미국의 무기체계가 향후 무인 자율 무기로 진화할 조짐이 뚜렷해지고 있다. 국제법의 공백 지대에서 최근 생성형 AI를 비롯한 각종 자율 무기의 확산을 막을 대책이 뚜렷하지 않은 상황이다. 이 때문에 이스라엘에 대하여도 AI 사용을 중지하라는 강제적 수단이나 규범이 존재하지 않는다.

빅테크 기업의 실험실이 된
우크라이나 전쟁

미국에 '클리어뷰'라는 안면인식 기술 업체가 있다. 이 업체는 미국 내에서 개인정보를 무단으로 사용하다가 2022

---

* 대표적인 회사로 'Sentient Digital,INC'(https://sdi.ai/about/our-companies)가 있다.

년에 페이스북, 구글, 애플로부터 소송을 당해 재판 중에 있다. 그런데 일리노이주 법정에서 재판이 진행되는 동안 충격적인 사실이 폭로됐다. 이 회사는 전 세계 소셜 네트워크로부터 수십 억 장의 개인 사진을 확보했으며, 전 세계 법 집행기관에 안면인식 서비스를 제공하는 3,000여 건의 비밀 계약을 체결했다. 또 우크라이나 전쟁이 일어날 당시 러시아 개인 계정으로부터 1억여 장의 개인 사진을 확보했고, 전쟁 초기인 2022년 3월에는 우크라이나에 진출하여 러시아 개인 계정으로부터 20억 장의 사진을 확보해 AI를 활용한 안면인식 기술을 전쟁에 투입했다.[6] 얼굴이 훼손된 러시아 전사자 사진을 검색창에 업로드하면 2~3분 이내에 병사의 신원을 95%의 확률로 식별했다. 그 데이터를 전달받은 우크라이나 정보군은 러시아에 있는 가족이나 친구에게 러시아 정부보다 먼저 사망 사실을 알린다. 그리고 우크라이나 정부에 병사의 시신에 대한 인도 신청을 한다. 또한 이 업체는 우크라이나 6개 정부 기관과 협조해 치안과 질서를 유지하는 경찰 역할까지 수행한다. 전쟁 중에 클리어뷰는 전 세계의 인물 정보 1,000억 장을 확보한다는 계획을 발표했다. 이러한 활약에 힘입어 이 업체의 개인정보 침해 시비는 완화되고 기술의 영웅으로 등극하기에 이른다.

정작 AI를 비롯한 신흥 기술이 대규모로 실험되고 빅테크 기업의 이윤을 창출하는 매개체가 된 실험장은 이스라엘-하마스 전쟁이 아니라 우크라이나 전쟁이었다. 일론 머스크가 제공한 스타링크 위성 와이파이는 러시아 우주국ROSCOM의 전자적 공격에도 즉시 회복하는 능력을 보여주었는데, 이는 미 국방부도 보유하지 못한 데이터 통신 보안 기술이었다. 머스크는 우크라이나 전쟁을 통해 우크라이나의 정부 기능 유지, 군대의 정보·통신 및 군사작전의 핵심 기반 체계를 제공함과 더불어 전 세계 차세대 디지털 통신의 독점적 주도권을 확보했다.[7]

한편 전쟁 중에 우크라이나 시민 구호와 군대의 보급에 대한 물류를 담당한 주체는 우크라이나 정부가 아닌 우버Uber 택시였다. 우버는 자체 플랫폼의 AI 기술을 이용하여 국제사회의 구호물자를 실은 수천 대의 트럭을 실시간으로 통제하는 총책임자였다.[8] 이 외에도 상업위성을 운용하는 민간기업들이 제공하는 영상은 미 국방부에 비해 양과 질에서 압도적이었으며, 미 국가정찰국NRO은 이를 분석하는 데 AI를 활용했다. 실리콘밸리의 AI 상위 업체들은 사실상 거의 다 우크라이나 전쟁에서 신흥 기술과 노하우를 실험했고 다시 이를 새로운 사업을 창출하는 기회로 이용했다. 우크라이나 전쟁은 미국의 전쟁 역사상 실리콘밸리의 빅테크 기업이 전통적인 군산복합체를 압도한 최초의 전쟁이라 해도 과언이 아닐 것이다. 적어도 빅테크 기업에게 우크라이나 전쟁은 재앙이 아니라 축복에 가까웠다. 이 전쟁으로 인해 새로운 사업 기회가 확대됐기 때문이다.

우크라이나 전쟁에서 나타난 새로운 전쟁 양상은 매우 특이하다. 첫째, 민간기업이 기존의 전쟁법이나 국가의 행정적 절차를 거치지 않고 사실상 전쟁에 참여했다. 머스크가 스타링크 위성 통신체계를 우크라이나에 제공하는 데는 의회나 정부의 승인을 필요로 하지 않았다. 오히려 머스크와 같은 기업인의 결정에 미국의 전쟁 관련 부서들이 종속됐다고 보아야 한다.

둘째, 전쟁의 주체가 정부보다 기업으로 상당 부분 이동하면서 군인과 민간인을 구분하는 기존의 전쟁법과 각종 규범이 혼란에 빠지게 된다. 머스크는 기업인이지만 러시아 정부의 직접적 공격 표적이기도 하며, 종전 협상을 제안한 외교관이기도 하다. 우크라이나에서 사이버 보안을 위한 특수작전을 지도한 마이크로소프트의 빌 게이츠는 2023년에 시진핑 국가 주석을 만났을 때 국가 수반급의 대우를 받았다. 게이츠에 대한 중국의 예우는 토니 블링컨 미 국무장관보다 파격적이었다. 이제껏 정부의 독점적 영역이었던 전쟁에 용병 조직이나 기업인이 중요한 주체로 등장함에 따라 국제법과 전쟁 규칙에도 혼란이 초래됐다.

셋째, 앞의 두 가지 특징 때문에 개인의 인권과 정보 보호, 평화 구축에 있어서 방화벽이 허물어졌다. 앞서 소개한 클리어뷰는 이러한 양상을 잘 보여준다. 이 업체의 안면인식 기술이 미국 내에서는 범죄시됐으나 우크라이나 전쟁은 이를 중요한 전쟁 수단으로 둔갑시켜 향후 예외적으로 이 기술을 채택할 가능성이 크게 높아졌다.

초독점 시대의
전쟁과 평화

―――――

거대 언어 모델로 알려진 생성형 AI 외에 안면인식, 영상 조작, 물류와 통신, 심지어 무기체계에 있어서도 AI는 도약적인 국면을 맞이하고 있다. 지금의 기술 혁명이 인류에게 유토피아인지, 디스토피아인지에 대해서는 전문가들 사이에서도 합의된 의견이 없다. 그러나 최근의 AI 발전에 대한 경고는 1940년대 핵무기 개발 당시와 몇 가지 점에서 유사하다.

첫째, 미국이 핵무기를 개발하고 일본에 이를 투하한 1945년부터 소련이 핵실험에 성공한 1949년까지 미국은 자신의 핵 독점을 의심하지 않았다. 최근까지 미국이 중국이나 러시아의 AI 수준을 평가절하하며 반도체 공급망을 통해 중국이나 러시아를 압박하면 굴복할 것이라는 기대도 과거와 유사하다. 그러나 미국은 핵 군비경쟁의 초기 국면처럼 반도체나 그 기반 기술을 통제하더라도 중국과 러시아의 지능 무기와 자율 무기 발전을 저지할 수 없다는 점에서 독점의 환상이 깨지고 있다.

둘째, 냉전 초기에 핵무기의 위력과 효과에 대해 자세한 지식이 없었던 것과 마찬가지로 지금은 AI와 신흥 기술의 파급 효과에 대한 지식이 부족하다. 기술 발전에 가속이 붙은 지금에 와서야 일부 전문가들은 AI와 같은 신흥 기술이 인간의 자아 개념을 해체하고 기계적 합리성으로 세계를 재구성하게 될 때 인간의 의식과 자아 개념에 심각한 부작용이 발생할 것이라고 경고하기 시작했다. 특히 AI가 학습한 데이터에 따라 인간의 윤리와 존엄성을 훼손하는 일종의 '할루시네이션hallucination'이 발생한다고 지적한다.[9] AI에 의해 그럴듯하게 사실처럼 생성된 정보를 의미하는 할루시네이션은 인간 정신의 취약한 점을 집중적으로 공략하게 된다. 최근 발표되는 챗GPT를 비롯한 생성형 AI에서 가장 중요한 부작용으로 거론되는 할루시네이션은 실제 이스라엘이 배포한 팔레스타인 하마스 전사들이 이스라엘 아동을 살해하는 내용의 가짜 영상이나 조작된 전쟁터 사진 등에서 그 위력을 유감없이 발휘했다.[10] 더불어 이를 제어하거나 차단할 수 있는 수단이나 규범 그리고 방어력이 취약하다는 점도 핵무기 개발 초기와 유사하다.

   AI가 지배하는 미래의 전쟁에는 가짜 정보와 인간 의식을 조작하는 5세대 전쟁이 도래할 것이라는 예측이 있다.[11] 이 시대에는 정부나 군대뿐만 아니라 사설 기업이나 용병, 심지어 개인까지 전쟁의 핵심 주체가 된다. 특히 이 시대의 AI는 인간의 의식을 조작하는 데 문화와 종교 아이콘을 적극 활용하게 되며, 이는 공적 조직보다 '강력한 개인trans-human'에 의해서 수행되는 전투로 나타난다. 물론 이러한 기술 전쟁에 대해 여전히 전통적인 국가와 주권이 중요하다는 강력한 반론이 존재하는 것도 사실이지만, 최근 이스라엘-하마스 전쟁과 우크라이나 전쟁 초기에 나타난 새로운 전쟁 양상은 새로운 해석을 필요로 한다. 이 두 전쟁에서 미국을 비롯한 강대국의 위기 관리 능력은 심각한 의심을 불러일으켰고, 국제기구와 시민사회의 역량도 한계를 드러냈다. 게다가 정규군 외에 민간인 살상, 종교적 갈등, 인종차별이 확산되면서 세계는 다시 안갯속으로 행진하고 있다.

이러한 전쟁 기술의 혁신에 조응하여 반전쟁反戰爭의 기술, 즉 평화를 구축하는 역량은 어떻게 창출되는 것일까? 이는 인간이 기술을 얼마나 통제할 수 있느냐를 기준으로 그 실마리를 찾아야 할 것이다. 먼저 효과가 불확실한 기술을 군사적 목적으로 사용하는 것에 대한 강력한 개입과 국가 간의 합의가 요구된다. 인간의 윤리에 반하는 데이터가 기계 학습에 활용되는 것을 차단하기 위한 상징적이고 규범적인 접근이 필요할 것이다. 적어도 강대국 간에는 윤리적 데이터와 비윤리적 데이터에 대한 기준을 공유하는 체제를 만드는 것도 상상할 수 있다. 더불어 가짜 데이터와 조작된 데이터를 구별하는 새로운 기술도 요구된다. 기술 군비통제를 구현하기 위한 국가 간의 연합 기구와 제도도 요구된다.

무엇보다 기술이 상대방을 배제하고 처벌하기 위한 수단으로 독점되는 소위 '기술 민족주의'를 견제할 필요가 있다. 지금 공급망 재편을 둘러싼 강대국의 기술 패권 경쟁과 디지털 만리장성을 지향하는 국가 간의 전쟁은 새로운 핵 군비경쟁이나 다름없다. 우크라이나 전쟁 초기에 구글(유튜브), 메타(페이스북, 인스타그램) 같은 빅테크 기업이 러시아에 막대한 자산을 남겨둔 채로 철수한 것은 뼈아픈 실책이었다. 이 기업들이 러시아에서 철수하고 나서 러시아 시민들은 정권의 프로파간다에 더욱 취약해졌으며, 이로 인해 지배력이 강화된 블라디미르 푸틴 대통령이 전쟁으로 더 많은 정치적 이익을 거두고 있음을 직시해야 한다. 경제제재와 고립으로 상대방은 약해지는 것이 아니라 오히려 더 강력해졌다. 이란과 북한에 대해서 강력한 제재와 압박으로 포위한 결과, 안보 상황이 더 악화된 것도 같은 이치다.

기술 혁명의 시대에 평화를 달성하는 가장 중요한 덕목은 상호 존중이다. 어쩌면 기술 혁명의 초기에 실리콘밸리는 이와 같은 비전을 갖고 있었다. 그러나 기업의 탐욕과 무분별한 데이터 남용으로 인해 그 비전은 재앙으로 돌변하기 직전이다. 다시 화해와 공존을 위한 기술 혁명을 도모할 시간이다.

"낡고 좁은 사고"의 진보가 '이중사고'의 문재인에게

정욱식
평화네트워크 대표,
한겨레평화연구소 소장

2

남북의 군사력 격차가 벌어질수록 조선이 핵과 미사일에 매달릴 가능성도 고려했어야 했다. 판문점과 평양에서 문재인에게 거수경례했던 조선군 수뇌부가 한국의 첨단무기 도입과 한미연합훈련 강행을 보면서 김정은에게 뭐라고 보고했을지 한 번쯤은 생각해봐야 했다. 국가 방위의 수준을 넘어 유사시 무력통일 능력을 강화하는 것이 과연 국방개혁의 요체가 되어야 하는지 반문했어야 했다.

회고록에 내 이름은 없지만

2024년 봄 출간된 문재인 전 대통령의 외교안보 분야 회고록《변방에서 중심으로》에는 진보 진영에 대한 비판과 조언이 담겨 있다. 특히 국방 분야에서 그렇다. "국방을 대북억제력 차원에서만 보고, 남북 간의 군사대결과 군비경쟁이라는 틀로만 보는 진보 진영의 사고가 낡고 좁은 것"이라고 지적한다. "평화를 이루기 위해서" "남북대화를 힘 있게 추진하기 위해서도" 강한 국방이 필요한데 "진보 쪽의 담론은 굉장히 빈약했다"라고 비판한다. 그러면서 진보도 국방에 강해져야 한다고 조언한다.

문재인이나 대담자로 나선 최종건 전 외교부 제1차관이 나를 염두에 두고 이런 평을 했는지는 모른다. 다만 이 부분을 읽었다는 여러 지인에게서 "너한테 한 말 아니냐"는 얘기를 들었다. 실제로 나는 문재인 정부의 대선 공약에서부터 집권 기간 내내 그리고 퇴임 후 언행에 대해서도 강하게 비판해왔다. GDP 대비 2.4%였던 국방비를 임기 내에 2.9%로 올리겠다는 대선 공약, 2018년 조선민주주의인민공화국(조선)* 김정은 위원장과의 정상회담에서 '단계적 군축' 추진에 합의해놓고 합의문의 잉크가 마르기도 전에 사상 최대 규모의 군비증강을 단행한 '언행불일치', 도널드 트럼프 당시 미국 대통령이 김정은에게 한미연합훈련 중단을 여러 차례 약속했음에도 불구하고 2019년 2월 하노이 노딜 이후 연합훈련을 잇달아 재개한 선택 그리고 퇴임 후에도 성찰이 있어야 할 자리에 여전히 자화자찬이 난무하는 현실 등을 두고선 말이다.

문재인의 회고록을 읽으면서 '이중사고double-think'라는 말

---

* 나의 의견을 피력하는 글에서는 북한을 '조선민주주의인민공화국' 혹은 '조선'으로 표현하고자 한다. 조선에 대한 인식은 달라도 대부분의 사람들은 조선과 대한민국 사이 대화의 필요성은 알고 있다. 대화는 말 그대로 상대와 이야기를 주고받는 것인데, 상대가 반감부터 갖게 하는 표현은 도움이 되지 않는다. 무너진 남북관계와 위기에 처한 한반도 평화를 재설계하기 위해서는 적대성의 완화와 대화 재개가 필수적이다. 따라서 서로 '제 이름 부르기'가 그 출발점이 될 수 있다고 생각한다. 이에 독자 여러분의 이해를 구한다.

이 떠올랐다. 이중사고는 두 개의 상반된 내용이나 신념을 모두 받아들이는 사고방식을 뜻하는데, 조지 오웰의 소설 《1984》에 담긴 개념이다. 그런데 문재인의 회고록 내용이 딱 이에 해당한다. 목차에서부터 이를 발견할 수 있다. 2부로 구성된 책의 1부 '결단의 순간, 운명의 그날'은 문재인 정부가 2017년 한반도 위기를 딛고 이듬해 2월에 열린 평창올림픽을 계기로 삼아 '톱다운' 방식 평화 프로세스의 문을 열었던 회고로 가득하다. 2부 '아무도 흔들 수 없는 나라를 향해'에서는 국방 분야의 성취가 자세히 기술되어 있다. 눈이 휘둥그레질 정도의 화려한 국방력 증강 내용이 담겨 있다. 대담자인 최종건은 문재인이 "평화 대통령"일 뿐만 아니라 "미사일 대통령인 것 같다"며 "이것도 함께 알려졌으면 좋겠다"라고 적었다. 이게 왜 '이중사고'일까?

회고록에서 문재인은 임기 초에 "재래식 전력 면에서 우리가 압도적인 우위를 점하고 있었"다고 보고 받았고, "그렇기 때문에 북한은 핵과 미사일이라는 비대칭 전력에 매달리게 된 것"이라고 판단했다고 밝혔다. 미국의 정보기관들도, 국내외의 여러 전문가들도 그렇게 보고 있었다. 정확한 상황 인식이자 평가였다는 뜻이다. 동시에 문재인은 "강한 국방은 대화를 이끌어내는 수단이라고 생각"했고 대화를 통한 문제 해결을 위해 "강한 국방 구축은 필요한 일이었다"고 밝혔다. 그리고 비핵화가 "한반도 평화를 위한 절대조건"이라 말하면서 대화의 목표가 비핵화에 있었다는 점도 분명히 했다.

결과는 어떨까? 문재인 정부가 출범한 2017년 남과 북의 세계 재래식 군사력 순위는 각각 12위와 18위였다. 퇴임한 2022년에는 6위와 32위로 그 격차가 크게 벌어졌다. 문재인의 신념처럼 "강한 국방"을 건설한 셈이다. 그러면 이러한 강력한 군사력 건설은 문재인의 또 하나의 신념이었던 남북대화와 비핵화에 어떤 영향을 미쳤을까? "대화를 이끌어내는 수단"이 됐을까? 2018년 세 차례의 정상회담을 중심으로 숨 가쁘게 진행됐던 남북대화는 그해 12월 체육회담을 끝으로 문재인 퇴임 때까지 한 차례도 없었다. 1971년 이래 최장 기간이다. 정상회담을 가장 많이 한 정부도 문재인 정부였지만, 남북대화가 가장 오래 단절된 때도 문재인 정부였다는 뜻이다. 문재인 정부 후반기에 조선의 핵 무력 건설을 향한 폭주도 맹렬해지면서 한반도 비핵화도 사실상 물 건너 갔다.

2019년 2월 '하노이 노딜'로 끝난 2차 북미정상회담의 여파가 있었고, 2020년부터는 코로나19 팬데믹도 있었기 때문이라고 주장할 수는 있다. 실제로 회고록에서는 이 점을 십분 강조하고 있다. 하지만 하노이 노딜 탓만 하기에는 '이중사고'에 빠져 있었던 문재인 정부의 실책이 너무나도 컸다. 또 코로나19 팬데믹 때 남북관계는 매우 적대적이었다. 대면 접촉이 어려웠다면 이미 시스템을 구축한 화상 회담도 가능했을 터이지만 이것마저 한 차례도 없었다. 오히려 2020년 6월 온 국민에게 충격을 안겨준 개성 남북공동연락사무소 폭파가 보여주듯 남북관계는 돌아오기 힘든 다리를 건너고 말았다.

물론 이렇게 된 책임이 모두 문재인 정부에 있다는 뜻은 아니다. 나의 소견으로는 한반도 평화 프로세스가 폭망한 배경에는 미국 트럼프 행정부의 책임이 가장 크다. 비핵화의 핵심인 핵물질과 핵무기 폐기 그리고 이를 위한 핵 신고와 검증을 뒤로 미루면서 단계적 해법에 집착한 조선의 책임도 있다. 조선이 대화와 협상이 실패했다고 해서 비핵화를 완전히 포기하고 핵 무력 강화에 매달리고 있기에 더욱 그러하다. 일본의 아베 신조 정권도 훼방꾼 노릇을 했다.

문재인 정부의 책임도 결코 작지 않다. 특히 탈냉전형 대북정책과 냉전형 국방정책 사이의 불협화음이 너무나도 컸다. 김정은 정권이 2018년에는 문재인 정부에게 '역대급 환대'를 보여주었다가 이듬해 하반기부터 '근친 증오'로 돌아선 핵심적인 이유도 바로 이 지점에 있다. 더 중요한 문제가 있다. 문재인 정부가 여실히 보여주었던 '이중사고'는 오늘날 한국 정치권과 사회 전반에도 만연해 있다. 우리가 이중사고의 덫에서 벗어나지 못하는 한 지금보다 더 나은 미래를 설계하는 것은 불가능에 가깝다.

나는 문재인의 회고록에 이러한 성찰이 조금이라도 담겨 있기를 바랐다. 하지만 문재인 정부를 향해 이러한 비판을 했던 극

소수의 진보적인 사람들에 대한 비난과 강한 국방을 건설했다는 자랑만 볼 수 있었다. 문재인의 회고록에 내 이름은 없지만, 나라도 제대로 복기할 필요가 있다는 생각으로 글을 써본다.

평화 프로세스와 '강한 국방'의 만남

문재인이 회고록에서도 강조한 것처럼, 2018년은 한반도 평화 프로세스의 해였다. 세 차례의 남북정상회담과 사상 최초의 북미정상회담이 이를 대표한다. 하지만 2018년은 문재인 정부의 또 하나의 신념, 즉 '강한 국방'에도 박차를 가한 시기였다. 정부는 2018년 연말에 책정한 2019년 국방비를 전년도보다 8.2%나 올렸다. 2008년 이후 그리고 문 정부 임기 통틀어 최대치였다. 특히 군비증강과 직결되는 방위력 개선비는 13.7% 증가했고, '한국형 3축 체계 구축' 사업을 '핵·대량파괴무기 대응 체계' 사업으로 이름을 바꿔 5조700억 원을 책정했다.

문재인 정부는 대규모 군비증강을 바탕으로 '국방개혁 2.0'에도 박차를 가했다. 여기에는 잘 알려지지 않았지만 놀라운 내용이 담겨 있다. 유사시 공중에서 투입되는 공정사단, 지상에서 진격하는 기동군단, 해상에서 투입되는 해병대로 구성된 입체기

동부대를 평양을 비롯한 "적의 종심에 신속하게 투입해 속전속결로 전쟁을 끝낸다"는 군사작전이 바로 그것이다. 이를 주도한 문재인 정부의 초대 국방장관 송영무는 "적의 종심 지역으로 신속하게 기동하여" "상대의 전쟁 수행 의지와 능력을 최단시간 내에 마비 및 무력화시키고 전승을 달성하여 전쟁을 종결"시키는 것이 목표라고 밝혔다.[12] 이것이 국방장관으로서 가장 자랑스러운 성과라고도 했다. 참고로 그는 2018년 9월 평양 남북정상회담의 부속합의서로 채택된 〈9·19 남북 군사 분야 합의서〉의 서명자였다.

사실 나는 이러한 내용이 담긴 초안을 접했었다. 2018년 4·27 판문점 남북정상회담 일주일 전이었다. 국방부 관계자로부터 설명을 들은 나는 "플랜 B는 준비하고 있는 거죠?"라고 물었다. 미국 주도의 대북 제재가 워낙 촘촘해 판문점 정상회담에서 남북 경제 협력 재개는 주된 의제가 될 수 없을 것이고 그래서 군사 문제가 중요하게 논의될 것이라며 국방개혁 2.0의 플랜 B에는 '유사시 무력통일론'은 배제하고 군비통제와 군축 구상이 담겨야 한다고 주장했다. 일주일 후 판문점 정상회담 합의문에 부전不戰의 맹세와 불가침 약속뿐만 아니라 정상회담 차원에서 최초로 단계적 군축 추진이 들어가면서 국방개혁안에도 변화가 있을 줄 알았다. 하지만 아니었다. 그해 연말에 책정된 국방비는 무려 8.2%가 뛰었고, 2019년 1월에 문재인은 국방개혁 2.0을 재가했다. 초안 거의 그대로였다. 정부 스스로 한반도 평화와 비핵화의 전망이 어느 때보다 높다고 봤던 시기에 나온 조치들이다.

문재인을 포함한 전임 정부 안팎의 인사들은 잘나가던 남북 관계와 한반도 평화 프로세스가 2019년 2월에 있었던 하노이 노딜로 엉망진창 됐다고 입을 모은다. 회고록에도 이러한 탄식이 자세히 담겼다. 트럼프가 '영변 핵 단지를 완전히 폐기할 테니 민생 관련 제재를 풀어달라'는 김정은의 제안을 수용했다면, 그래서 하노이 회담이 노딜로 끝나지 않았다면 상황은 크게 달라졌을 것이라는 뜻이다. 동의하면서도 의문은 남는다. 2차 북미 정상회담이 타결됐다면 그 이후에는 탄탄대로를 걸었을까?

이 대목에서도 문재인 정부의 자가당착을 발견할 수 있다. 문재인 정부는 영변 핵 단지가 조선의 핵 능력에서 차지하는 비중이 60~80%에 달한다며, 이를 폐기하면 "북한이 불가역적인 비핵화 단계에 들어갔다고 할 수 있다"고 봤다. 나는 당시에도 이러한 평가에 의문을 제기했다. 조선이 이미 핵물질을 포함해 30개 안팎의 핵무기를 갖고 있는 상황이었고, 그래서 영변 핵 단지를 완전히 폐기해도 갈 길은 멀었기 때문이다.

그런데 문 정부의 평가가 맞는다면 자가당착은 분명해진다. 문 정부는 영변 핵 단지 폐기가 북핵 능력의 3분의 2가량을 제거하고 불가역적인 비핵화로 접어드는 것이라고 보면서, 다른 한편으로는 역대급 군비증강에 박차를 가했기 때문이다. 이것들이 아무런 관계가 없는 일일까? 답의 일부는 앞서 소개한 문재인 회고록에 담겨 있다. 문재인 자신이 남북의 재래식 군사력 격차가 조선으로 하여금 핵과 미사일에 집착하게 된 원인 가운데 하나라고 본 것이 바로 그 답이다.

이에 따라 하노이 회담이 성사됐더라도 그 후에는 가시밭길이 도사리고 있을 가능성이 높았다. 영변 핵 단지 폐기는 대단히 중요한 조치이지만, 엄밀히 말해 '미래의 핵무기'를 제거한다는 의미에 국한된다. 조선이 이전부터 갖고 있던 핵무기와 핵물질의 폐기 그리고 이를 위한 핵 신고와 검증이라는 훨씬 까다로운 의제가 남게 된다는 것이다. 이러한 상황에서 남과 북, 보다 정확하게는 한미동맹과 조선 사이의 군사력 격차가 갈수록 벌어지게 되면, 조선이 갖고 있던 핵을 내려놓기란 더더욱 어려워진다. 이는 앞으로도 마찬가지다.

이중사고, 그 모순의 폭발

한반도 평화와 강력한 군사력 건설을 병행할 수 있다는 문재인 정부의 이중사고는 하노이 노딜 직후부터 눈덩

이처럼 커져갔다. 2019년 3월에는 한미연합훈련이 재개됐고 F-35 스텔스 전투기를 비롯한 첨단무기 도입도 본격화됐다. 4월 13일 최고인민회의 연설에 나선 김정은 위원장은 이를 비판하면서 "오지랖 넓은 '중재자' '촉진자' 행세를 할 것이 아니라 … 민족의 이익을 옹호하는 당사자가 되어야 한다"고 말했다. 그런데도 문재인 정부의 군비증강 열기는 식을 줄 몰랐다.

그러자 한국을 겨냥한 조선의 언행도 공세적으로 바뀌었다. 김여정은 "몰래몰래 끌어다 놓는 첨단 전투기들이 어느 때든 우리를 치자는 데 목적이 있겠지, 그것들로 농약이나 뿌리자고 끌어들여왔겠는가"라며 맞대응을 경고했다. 실제로 조선은 5월부터 '단거리 4종 세트'로 불리는 KN-23 단거리 미사일, 신형전술 미사일, 대구경 방사포, 초대형 방사포를 잇달아 선보였다. 이에 대해 문재인은 "북한의 평화를 지켜주는 것은 핵무기가 아니라 대화와 신뢰"라며 대화 복귀를 촉구하면서도 강한 국방을 향한 고삐를 더더욱 당겼다. 2018년 정상회담에서 단계적 군축에 합의했던 남북이 극심한 군비경쟁에 돌입하고 만 것이다.

사달은 2019년 6월 30일 남·북·미 정상들의 판문점 '번개팅' 이후 벌어졌다. 판문점 회동에서 김정은과 트럼프는 두 가지 구두 합의를 했다. 트럼프가 한미연합훈련 중단을 약속하자 김정은이 북미 실무 대화에 나가겠다고 화답한 것이 바로 그것이다. 7월 하순에는 김정은이 문재인 정부를 향해 '만나서는 평화의 악수를 나누고 돌아서서는 첨단무기를 도입하고 외세와 연합훈련을 하는 이상하고도 이중적인 행태를 중단하길 바란다'는 취지를 담은 '권언'도 내놨다. 하지만 8월 들어 한미연합훈련은 강행됐고 문재인 정부는 5년간 290조 원이 넘는 국방비를 투입해 대규모 군비증강에 더더욱 박차를 가하겠다는 '2020~2024년 국방중기계획'을 발표했다. "삶은 소대가리 양천대소할 노릇"을 비롯해 문재인 정부를 향한 북측의 막말은 이때부터 본격적으로 나왔다.

회고록을 비롯해 문 정부 안팎의 인사들이 주장하는 '게임 체인저'가 있다. 문재인이 2017년 12월 외신과의 인터뷰에서 평창올림픽 기간에 연합훈련을 연기하자는 제안이 전쟁 위기를 딛고 '톱다운' 방식의 평화 프로세스를 가져온 전환점이었다는 것이다. 이러한 평가에 동의 여부를 떠나 묻고 싶은 것이 있다. 한미연합훈련 '연기'가 김정은 정권의 전략적 판단을 바꿀 정도로 중대 변수였다면, 2019년 이후 트럼프도 중단하겠다고 약속한 연합훈련 '재개'가 평화 프로세스와 남북관계에 치명적인 위기를 가져올 수 있다는 진단에는 왜 그토록 둔감했는가? 안타깝게도 《변방에서 중심으로》에서는 이러한 의문을 풀 수 있는 내용을 일체 찾아볼 수 없다.

문재인의 회고록에는 없지만, 나는 2019년 여름에 정부·여당 인사들로부터 몇 가지 얘기를 들을 수 있었다. 판문점 남북미

정상 회동 직후에 나는 '마지막 기회가 왔다'며 지푸라기라도 잡는 심정으로 문재인 정부 인사들과 민주당 의원들을 만나 호소했다. 8월로 예정된 한미연합훈련을 반드시 취소해야 한다는 것이었다. 내가 만난 정부·여당 인사들의 반응은 크게 두 가지였다. 하나는 '전시작전권 환수를 위해서는 연합훈련이 필요하다'는 것이었고, 또 하나는 '연합훈련을 지휘소 훈련 정도로 축소해서 실시하면 북한이 크게 반발하지 않을 것'이라는 반응이었다. 전시작전권을 환수해 강한 자주국방을 실현하겠다는 문재인 정부의 신념, 경제난과 식량난에 시달리던 조선이 한미연합훈련과 한국의 군비증강에 크게 반발하지는 않을 것이라는 아전인수를 확인한 순간이었다.

결과적으로 남북관계를 포함한 한반도 평화 프로세스는 그해 8월 연합훈련을 거치면서 돌아오기 힘든 다리를 건너기 시작했다. 이쯤 됐으면 문재인 정부가 생각을 달리할 법도 한데, 그러지 않았다. 코로나19에도 불구하고 연합훈련과 군비증강은 계속됐고, 2018년에 뜨거운 우정을 과시했던 남북관계는 '근친 증오'로 돌변하고 말았다. 그리고 전시작전권은 여전히 주한미군 사령관이 갖고 있다.

근친 증오는 김정은 정권이 문재인 정부에 품은 심정을 가장 잘 표현해주는 말이다. 이는 2024년 1월 2일에 나온 김여정의 담화에 여과 없이 담겨 있다. "입에는 꿀을 바르고 속에는 칼을 품은 흉교한 인간보다 상대에 대한 적의를 가감 없이 드러내는 우직하고 미련한 자를 대상하기가 훨씬 수월"하다고 했는데, 전자는 문재인 전 대통령을, 후자는 윤석열 현 대통령을 가리킨 것이다. 문재인을 향해서는 '내로남불'과 '언행 불일치'를 지적하면서 "교활한 사람"이라고 비난했고, 윤석열을 가리켜서는 적대적인 '언행일치'를 보여줘 조선의 국방력 강화에 공헌해준 "특등 공신"이라고 조롱했다.

대북정책과 국방정책의 관계는?

문재인이 역설한 것처럼 진보 진영이 국방에 강해져야 한다고 주문할 수는 있다. 한반도 평화와 강한 국방이 공존할 수 있다고도 여길 수 있다. 주변국 위협에 대처하기 위해서 한국이 국방력 건설에 소홀해서는 안 된다고 생각할 수도 있다. 경제난에 시달리던 조선이 군비경쟁을 선택하지 않을 것이라고 기대할 수도 있다. 전시작전권을 환수하기 위해서는 첨단무기 도입과 연합훈련이 필요하다고 생각할 수도 있다.

하지만 문재인 본인도 말한 것처럼 남북의 군사력 격차가 벌어질수록 조선이 핵과 미사일에 매달릴 가능성도 고려했어야 했다. 판문점과 평양에서 문재인에게 거수경례했던 조선군 수뇌부가 한국의 첨단무기 도입과 한미연합훈련 강행을 보면서 김정은에게 뭐라고 보고했을지 한 번쯤은 생각해봐야 했다. 국가 방위의 수준을 넘어 유사시 무력통일 능력을 강화하는 것이 과연 국방개혁의 요체가 되어야 하는지 반문했어야 했다. 조선이 연합훈련과 한국의 군비증강에 대응해 전술핵과 단거리 발사체 개발에 박차를 가한 것이 확연해졌을 때 '내가 내로남불을 하고 있는 것은 아닌가'라고 반문했어야 했다. 연합훈련을 통한 전시작전권 환수 조건 충족 시도와 한반도 평화 프로세스가 충돌할 때, '무엇이 중한가.' 자문했어야 했다.

회고록이 미래지향적인 가치를 가지려면, 성과 못지않게 실패와 한계의 원인을 냉정하게 분석해 같은 실수나 착오를 반복하지 않도록 후세에 교훈을 주어야 한다. 하지만 《변방에서 중심으로》는 그러지 못한다. 최소한 '한반도 평화와 강한 국방 사이의 긴장과 모순을 최소화할 수 있는 지혜를 찾아보자'라고 했어야 했는데, 이러한 성찰마저 '나는 옳았다'는 자화자찬에 자리를 내주고 말았다. 이는 같은 실패를 예방하는 데에도, 보다 정확하게는 대화와 협상의 문을 다시 여는 데에도 도움이 되지 않는다.

냉정하게 보면 남북관계와 한반도 평화 프로세스는 문재인 정부 시기에 돌아올 수 없는 다리를 건넜다. 설상가상으로 윤석열 정부에 들어서서는 그 다리마저 파괴됐다. 그래서 진영 논리를 초월한 성찰과 혁신이 필요하다. 대북정책과 국방정책의 관계가 특히 그러하다. 이와 관련해 한국 정치권과 국민 정서에 만연한 두 가지 현상을 주목할 필요가 있다. 이하는 내가 계간 〈황해문화〉 2024년 여름호에 '탈북한의 상상력: 다시, 더 좋은 평화의 시작을 위하여'라는 제목으로 기고한 글의 일부를 발췌해 보완한 것이다.

하나는 '보이지 않는 초당적 협력과 국민적 합의'의 존재이다. 대북정책을 둘러싼 남남갈등이 극심한 상황에서 이게 무슨 말이냐는 의문이 들 것이다. 그런데 무언의 합의와 지속적인 정책이 있다. 바로 국방정책이다. 표현을 어떻게 하든, 한국의 거의 모든 정권들은 '힘에 의한 평화'를 추구해왔고 국민 여론도 군사강국을 선호해왔다. 이른바 '진보 정권'은 더했다. 노무현과 문재인 정부의 연평균 국방비 증가율이 각각 8.7%와 7.8%에 달한 반면에, 이명박과 박근혜 정부 시기에는 각각 5.5%와 4.0%였다는 것에서도 이를 알 수 있다. 윤석열 정부도 경제난과 세수 부족에도 불구하고 국방비는 꾸준히 늘리고 있다. 또 1998년에 한미연합사의 작전계획 5027-98에 '유사시 무력통일론'이 포함된 현실도 시정되지 않고 있다.

이는 또 하나의 문제로 연결된다. 대북정책과 국방정책을 분리해서 접근하는 경향이 바로 그것이다. 남북화해협력과 비핵화 및 평화체제를 추구하더라도 유비무환의 정신으로 군사력과 한미동맹을 강화해야 한다는 것이 상식처럼 통용된다. 하지만 국방정책은 대북정책과 별개가 아니라 가장 중요한 분야이다. 한반도 문제의 핵심은 바로 군사 문제에 있고, 그 비중은 나날이 커지고 있기 때문이다. 그래서 강력한 한미동맹과 국방력을 신봉하면서 전향적인 대북정책을 추진한다는 것은 연목구어와 같은 일이다.

이처럼 한국은 초당적이고 강력한 군사력을 신봉하고 이를 대북정책과 구분해서 접근해왔다고 해도 과언이 아니다. 성찰의 지점은 바로 여기에 있다. 한국이 이러한 관성에서 벗어나지 못하면, 군비경쟁과 안보 딜레마 그리고 전쟁위기설에서 헤어날 수 있는 길은 없어지고 만다. 전통적인 한국의 대북정책 영역들인 대북 지원과 경제협력, 이산가족 상봉 등 인도적 협력, 한반도 종전선언·평화체제·비핵화, 북미 대화 및 관계 정상화 촉진 등이 설 자리를 잃고 있기에 더욱 그러하다. 이러한 현실은 향후 대북정책과 한반도 평화 정책의 핵심을 군사 분야에 두어야 한다는 것을 말해준다. 다른 영역들이 중요하지 않다는 뜻이 아니다. 군사 문제의 해결을 도모하지 못하면, 꽉 막힌 다른 영역의 문제들도 풀 수 없다는 의미이다.

안보를 너무 무시하는 것이 아니냐는 반문이 나올 수 있다.

하지만 조선의 핵과 미사일 능력만 강해진 것이 아니라 한국의 군사력도 비약적으로 성장했다. 특히 남북의 전쟁 수행 능력 격차가 갈수록 벌어지고 있다. 미국의 군사력 평가기관인 '글로벌파이어파워'에 따르면, 남북의 군사력 순위는 2024년에 각각 5위와 36위로 나타났다.[13] 이러한 군사력 평가에 있어서 핵무기는 제외되어 있지만, 한국의 군사력이 크게 성장했고 조선의 재래식 군사력의 비중이 크게 감소한 것만은 분명하다. 또 미국의 확장억제를 포함한 한미동맹과 한미일 군사협력도 강해지고 있고, 유사시 전력을 공급하겠다는 유엔사령부 회원국도 10여 개국에 달한다. 이쯤 되면 대북 억제력은 부족한 것이 아니라 오히려 넘쳐난다. 그런데도 안보가 불안하다고 아우성이다. 이러한 역설을 대북정책 재구성의 기초로 삼아야 한다.

남북관계, 무너짐과 되살림에 관하여

정일영
서강대 사회과학연구소 연구교수

3

잊지 말아야 할 것은 남북의 정치적 대화나 경제협력을 넘어 남북의 주민이 마음의 통합을 이룰 수 있는 교류와 협력을 계속해나가야 한다는 점이다. 이런 이유로 과거 마치 이벤트처럼 일회성으로 진행됐던 사회문화 교류를 그 어떤 교류 협력 사업보다 안정적으로 추진할 필요가 있다. 남북의 사회문화 교류는 중장기적 관점에서 남북의 사회적 이질성을 해소하고 한반도 공동체라는 사회규범을 조심스럽게 만들어가는 과정이다.

* 이 글은 필자가 〈오마이뉴스〉에 연재한 '한반도 오디세이' 내용을 기반으로 수정·보완한 것입니다.

남북관계, 아프지만 돌아보기

2022년 5월 윤석열 정부가 출범한 이후 남북관계는 그야말로 최악의 상황이 지속되고 있다. 북한의 오물 풍선이 휴전선을 넘어 수도권에 '자유낙하'하는 믿지 못할 일이 발생하고 있으며, 대화 없는 '즉·강·끝'(즉각, 강력히, 끝까지)을 외치는 윤석열 정부의 무모함은 한반도 긴장을 최고치로 끌어올리고 있다.

남북관계는 왜 이렇게 안 좋은 것일까? 답답한 마음에 질문해보지만 어디서부터 이 글을 시작하고 마쳐야 할지 난감하기만 하다. '남북은 같은 시간을 살아가며 한반도라는 공간을 공유하는 듯하지만 어쩌면 서로 다른 시간과 공간을 살아가는 것 아닐까?' 하는 생각을 종종 하게 된다. 남북관계는 아인슈타인이 말한 상대성이론과 같이 시간과 공간이 굴절된 상태로 서로를 바라보고 있는지도 모른다.

아프지만 남북관계를 돌아보려 한다. 다만 암울한 남북관계를 다시 돌아보는 데 그치지 않고 새로운 남북관계에 대한 상상력을 발휘해보려 한다. 먹구름이 가득 낀 한반도의 저 끝자락부터 푸른 하늘이 빼꼼히 얼굴을 내밀 때를 기다리며, 아니 그때를 앞당기기 위해서 말이다.

이 글에서는 먼저 대한민국과 조선민주주의인민공화국은 어떤 관계인지 질문하고, 이어서 남북관계는 왜 이렇게 불안정하고 늘 싸우기만 하는지 그 원인을 찾아본다. 그리고 마지막으로 새로운 남북관계를 준비하기 위해 우리가 해야 할 일을 제안해보도록 하겠다.

대한민국과 조선민주주의인민공화국은 어떤 관계인가?

최근 남북관계를 어떻게 규정할 것인가에 대한 논의가 활발히 진행되고 있다. 과연 대한민국과 조선민주주의인민공화국은 어떤 관계인가? 남과 북은 "쌍방 사이의 관계가 나라와 나라 사이의 관계가 아닌 통일을 지향하는 과정에서 잠정적으로 형성되는 특수관계라는 것을 인정"한다. 1991년 12월 13일 체결된 '남북 사이의 화해와 불가침 및 교류·협력에 관한 합의서', 즉 '남북기본합의서'에서 남북이 합의하고 이후 남북관계 전반을 규정하는 언명으로 정립된 규정이다.

남북관계의 특수성을 규정한 남북기본합의서의 내용은 30년 넘게 남북관계를 정의해왔으며 남북관계에 관련한 국내 법률에서도 이 합의 내용을 차용하고 있다. 우리 법체계에서 남북관계를 규정한 근거법이라 할 수 있는 '남북관계 발전에 관한 법률'은 제3조(남한과 북한의 관계)에서 "남한과 북한의 관계는 국가 간의 관계가 아닌 통일을 지향하는 과정에서 잠정적으로 형성되는 특수관계"임을 명시하고 "남한과 북한 간의 거래는 국가 간의 거래가 아닌 민족 내부의 거래"라고 규정했다.

남과 북은 나라와 나라, 즉 국가 간의 관계가 아니며, 통일을 지향하는 특수 특수관계이므로 다양한 영역, 예를 들어 남북 경제협력에서 국가 간 거래와 같이 관세를 부과하지 않으며 '민족 내부의 거래'로서 특별한 혜택을 부여하게 된다. 우리 국민이 북한을 방문할 때 비자를 발급받거나 여권을 제시하지 않고 통일부가 발급하는 '방문증'을 이용하는 것 또한 남북관계의 특수성에 기인한다.

그렇다면 현재 남북관계는 특수한가? 이제는 그렇다고 말하기 어렵다. 2016년과 2017년 북한이 연달아 핵실험과 대륙간탄도미사일ICBM을 발사하고 이에 대응해 유엔 안전보장이사회가 이전에 없던 강력한 대북 제재를 이행하면서 국제관계, 즉 대북 제재라는 국제 레짐international regimes이 남북관계의 특수성을 무력화시켰다. 국제사회의 대북 제재는 기본적으로 물자와 사람, 돈의 북한 유입과 유출을 강력하게 통제하는 조치로 기존의 대북 투자나 금융거래 및 북한 주민의 해외 취업이 엄격히 차단됐다. 남북관계 또한 개성공단이 2016년 2월 폐쇄된 이후로 국제사회의 제재 레짐을 벗어난 더 이상의 '특수한' 관계는 실종되고 만다.

2018년 남북은 '판문점선언'과 '9월 평양공동선언'을 통해 남북관계의 특수성을 되찾으려 노력했다. 판문점선언에서 남북은 "남북관계의 전면적이며 획기적인 개선과 발전"을 위해 "이미 채택된 남북 선언들과 모든 합의들을 철저히 이행"하고 "각계각층의 다방면적인 협력과 교류, 왕래와 접촉을 활성화"하는 데 합의했다. 9월 평양공동선언에서는 "조건이 마련되는 데 따라 개성공단과 금강산 관광 사업을 우선 정상화하고, 서해경제공동특구 및 동해관광공동특구를 조성하는 문제를 협의"해나가기로 했다.

그러나 이와 같은 합의는 현실화되지 못했다. 아니, 우리 정부는 대북 제재의 틀에 갇혀 남북관계의 특수성을 복원하는 데 실패했다. 결국 2018년에 잠시나마 열렸던 기회의 창은 닫혀버렸다. 아마도 북한이 비핵화 프로세스를 완료 단계까지 수용하지 않는 한, 남북관계의 특수성을 회복하기는 어려울 것이다.

이러한 상황에서 김정은 위원장은 2023년 12월 30일 개최된 조선노동당 중앙위원회 전원회의와 2024년 1월 15일 최고인민회의에서 진행한 시정연설에서 남북관계와 통일정책에 대한 '새로운' 입장을 제시하고 '단호한' 정책 전환을 주장했다. 남북관계가 "더 이상 동족 관계, 동질 관계가 아닌 적대적인 두 국가 관계, 전쟁 중에 있는 완전한 두 교전국 관계"라는 폭탄선언을 했다. 그는 "대한민국은 화해와 통일의 상대이며 동족이라는 현실 모순적인 기성 개념을 완전히 지워버리고 철저한 타국으로, 가장 적대적인 국가로 규제한 이상 독립적인 사회주의국가로서의 조선민주주의인민공화국의 주권 행사 영역을 합법적으로 정확히 규정짓기 위한 법률적 대책"을 세워야 한다고 주장했다.

김 위원장은 결론적으로 '적대적 두 국가 관계'를 인정하고 '근본적인 투쟁 원칙과 방향 전환'을 모색할 것이라 강조했다. 관련하여 "조선 반도에서 전쟁이 일어나는 경우에는 대한민국을 완전히 점령, 평정, 수복하고 공화국 영역에 편입시키는 문제를 반영"할 필요가 있으며, 이 밖에도 "헌법에 있는 '북반부' '자주, 평화통일, 민족대단결'이라는 표현들이 이제는 삭제"되어야 한다고 주장했다. 또 "당 중앙위원회 통일전선부를 비롯한 대남 사업 부문의 기구들을 정리"하고 "동족, 동질 관계로서의 북남

조선' '우리 민족끼리' '평화통일' 등의 상징으로 비칠 수 있는 과거 시대의 잔여물들을 처리"할 대책을 지시했다.

김정은의 '적대적 두 국가 관계' 선언이 돌이킬 수 없는 정책이라 볼 수는 없다. 북한이 우상화하는 '선대 수령'들이 만들어 놓은 남북 합의나 통일 담론을 하루아침에 뒤집을 수는 없을 것이다. 다만 지금과 같이 남북관계가 단절된 상황에서 상호 불신이 깊어진다면 새로운 남북관계를 구상하는 데 더 많은 시간과 에너지가 투여되어야 할 것이다.

남북관계는 왜 이다지도 허약한가?

남북관계에 대한 남, 북 그리고 남북 상호 간의 인식이 변화하는 과정은 남북관계가 '통일을 지향하는 특수관계'라는 명제를 현실에서 구현하지 못한 결과다. 그렇다면 남북관계는 왜 통일을 향해 나아가지 못했을까?

1980년 말부터 국제사회에서 시작된 냉전의 해체와 평화의 바람은 한반도에도 화해와 협력의 꽃으로 피어났다. 남북은 '남북기본합의서'를 체결하고 한반도에서 냉전의 그림자를 지워나가는 데 합의했다. 한국의 노태우 정부는 적극적인 북방정책으로 당시 소련과 중국 그리고 동유럽의 사회주의국가들과 국교를 정상화하며 한반도 냉전의 한 축을 무너뜨렸다. 하지만 거기까지였다. 소련이 붕괴하고 사회주의 형제 국가들이 체제 전환을 감행한 상황에서 중국이 한국과 국교를 정상화하며 북한은 국제사회에서 고립됐다. 북한은 남북기본합의서를 통해 일부 변화를 수용하고 북미·북일 대화를 통해 한반도 냉전의 다른 한 축을 무너뜨리려 시도했지만, 실패로 돌아갔다. 결국 북한은 비대칭 전략을 통한 안전 보장, 즉 핵무기를 개발하기 시작했다.

돌이켜 보건대, 1990년대 냉전의 해체 과정에서 미국과 일본이 북한과 국교를 정상화했다면, 한반도는 어떤 모습일지 생각하게 된다. 북한은 2017년 6차 핵실험과 장거리 미사일 시험발사를 통해 "국가 핵 무력 완성"을 선언했을 때도 미국으로부터의 안전 보장과 핵을 통한 자위를 저울질했던 것으로 보인다. 결국 2018년에 진행된 남북과 북미의 대화가 실패로 돌아가고 미국과 중국의 전략경쟁이 격화되면서 한반도는 냉전의 긴 그림자로부터 벗어나지 못하고 있다.

남북관계를 단지 한반도 국제정치의 결과물로만 규정할 수는 없다. 한반도 문제의 직접 당사자인 남북의 노력이 무엇보다 중요하다는 이야기다. 남북은 남북기본합의서가 천명한 '통일을 지향하는 특수관계'를 발전시키기 위해 남북경협과 다방면의 교류 협력을 진전시켜나가는 등 여러 성과를 보이기도 했지만 이런 관계는 지속되지 못했다. 왜 그랬을까? 무엇보다도 남북의 약속이 잘 지켜지지 않았다. 그 이면에는 '남북합의서'의 허약함이 숨어 있다.

남북 간의 약속은 남북합의서의 형태로 만들어져왔다. 1971년 남북합의서가 처음 체결된 이후 현재까지 남북은 667회의 남북회담을 통해 258건의 남북합의서를 탄생시켰다. 이렇게 오랜 시간과 노력의 결실로 만들어진 남북합의는 지금 어떤 모습인가? 남북합의서는 동북아 정세의 위기, 남북관계의 악화 그리고 정권교체로 무력화되어왔다. 단지 그뿐인가? 아무리 주변 환경이 어렵다고 하더라도 이렇게 모든 합의가 무력하게 사문화될 수 있는 것인가?

남북합의서가 지켜지지 않는 이유 중 하나는 남북합의서가 어떠한 법적 효력을 가지고 있느냐의 문제와 맞닿아 있다. 학술적인 논의와는 별개로 남북합의서는 국가 간 조약과 같은 법적 효력을 갖지 못한 채 선의에 의한 약속, 즉 '신사협정'으로 취급받고 있다. 남북합의서를 규정한 '남북관계 발전에 관한 법률' 또한 그 어디에도 남북합의서가 어떤 법적 효력을 갖는지, 이행 권한을 갖는지 규정하고 있지 않다. 주변 환경과 상관없이, 남북관계의 부침과 상관없이 남북합의서는 지켜지기 어려운 태생적 한계를 갖는 것이다.

남북관계가 발전하기 위해서는 대북정책이 안정적으로 관리되고 지속되어야 한다. 가장 큰 문제는 정권교체와 함께 이전 정부의 대북정책이 중단되고 새로운 남북관계가 형성되는 악순환이 반복된 것이다. 정권교체는 언젠가부터 남북관계의 리셋reset을 가져왔다. 우리는 왜 정권교체와 상관없이 지속 가능한 안정적 남북관계를 만들지 못하는 것일까?

과거를 돌아보자. 이명박 정부 이후로 정권이 교체되면 다른 어떤 분야보다 대북정책이 리셋되는 현상이 반복됐다. 지난 정부가 체결한 남북 합의가 무력화되거나, 지난 정부가 강조한 대북사업은 새로운 사업으로 교체되거나 폐기됐다. 앞서 논의한 바와 같이 남북의 약속, 남북합의서가 법적 효력이 명확히 규정되지 않은 상황에서 대북정책의 지속은 집권 세력이 야당과 최소한의 합의를 이뤄내는 정치적 노력에 의해 보완되어야 한다. 그러나 우리는 보수와 진보를 떠나 대북정책을 추진할 때 야당과 협의하는 데 소홀했다. 결국 야당과 최소한의 논의 없이 진행된 대북정책은 정권교체와 함께 폐기됐던 것이다.

사실 미국이나 중국, 일본과의 외교보다도 안정적으로 관리되고 지속되어야 하는 것이 대북정책이고, 통일정책이다. 그러나 대북정책을 수립하는 과정에서 사라진 '정치'와 무력화된 민주적 절차로 인해 한반도는 가다 서다를 반복했으며 이제는 극단적인 정부의 독주가 펼쳐지고 있다.

남북관계의 새로운 되살림을 위하여

남북관계의 되살림은 단순히 과거 남북관계가 부흥했던 시기로 되돌아감을 의미하지 않는다. 남북관계의 되살림은 지속 가능하며 새로운 구상이어야 한다. 여기서 정치의 문제가 제기된다. 우리는 오랜 기간 남북관계를 정치에 일임해왔다. 하지만 돌아보면 정치는 실패했다. 나 또한 정치가 대화와 타협을 통해 국내와 남북관계에서 발전하는 모습을 보이길 갈망해왔지만, 이제는 정치에 모든 것을 기댈 수 없다.

우리는 먼저 정치적 불안정성이 크고 대화와 타협의 규범이 미성숙한 현재의 남북관계를 제도화할 필요가 있다. 남북 합의가 매번 정권교체로 무력화된다면 더 이상의 약속은 아무런 힘을 얻지 못할 것이다. 먼저 남북의 약속인 남북합의서의 법적 효력을 명확히 규정해 정권교체와 상관없이 남북관계가 지속될 수 있는 제도적 기반을 마련해야 한다. 또 대북정책에서 정부의 배타적 독점을 해체하고 민주적 통제를 복원해야 한다. 집권 세력은 야당과의 대화를 통해 대북정책에 대한 최소한의 합의를 이뤄내기 위해 노력해야 한다. 이 과정에서 국회가 남북관계에 안정적 관리자이자 토론의 장場으로서 역할을 다해야 한다. 이는 남한의 노력만으로 완성될 수 없다. 남북이 함께 불안정성을 해소하고 안정적인 남북관계 발전이 가능한 제도와 규범을 만들어나가야 한다. 여기에 더해 동북아 국제관계 속에서 평화를 제도화하는 노력이 함께 이뤄져야 할 것이다.

시민사회의 역할도 중요하다. 이와 관련해 필자는 2021년 '통일국민협약'이 만들어지는 과정을 통해 시민사회가 정치권이 하지 못하는 좌우의 대화를 주도하고 대안을 마련할 수 있는 역량이 있음을 보았다. 당시 시민사회단체연대회의(진보)와 범시민사회단체연합(보수), 흥사단·YMCA(중도), 한국종교인평화회의(7대 종단)가 참여해 치열한 토론을 진행하고 그 결과를 '통일국민협약'으로 발표한 바 있다.

이 작업이 마냥 순탄치만은 않았다고 한다. 사업 초기, 보수와 진보 단체 인사들은 서로를 불신했고 토론 또한 날선 공방으로 중단됐다. 하지만 토론이 이어지면서 서로를 이해하게 됐고 대안을 모색하는 과정에서 양극단의 인사가 아닌 보수와 진보, 중도에서 합리적인 인사가 논의를 주도할 수 있도록 기획함으로써 불가능할 것만 같았던 통일국민협약이 탄생할 수 있었다. 이처럼 남북관계가 어려운 상황에서, 또 정부가 안정적인 대북·통일정책을 이어가지 못하고 정치권의 남남갈등이 심각한 상황에서, 시민사회의 역할은 그 어느 때보다 중요하다. 시민사회가 극단으로 치닫는 정치권의 갈등을 완화하고 지속 가능한 대북·통일정책에 대한 토론을 지속해나가야 한다.

잊지 말아야 할 것은 남북의 정치적 대화나 경제협력을 넘어 남북 주민이 마음의 통합을 이룰 수 있는 교류와 협력을 계속해 나가야 한다는 점이다. 이런 이유로 과거 마치 이벤트처럼 일회성으로 진행됐던 사회문화 교류를 그 어떤 교류 협력 사업보다 안정적으로 추진할 필요가 있다. 남북의 사회문화 교류는 중장기적 관점에서 남북의 사회적 이질성을 해소하고 한반도 공동체라는 사회규범을 조심스럽게 만들어가는 과정이다. 이제 남북관계에서 사회문화 교류의 역할을 재설정하고 이를 이행하기 위해 대안을 마련해야 한다. 여기에 동북아와 전 세계의 시민사회가 한반도 평화를 위해 교류하고 토론하는 문화도 함께 만들어나가야 한다.

기술 발전에 걸맞은 남북관계 설계도 필요하다. 대한민국은 4차 산업을 선도하는 디지털 강국이다. 하지만 남북관계는 정말 '올드'하기 그지없다. 1972년 7·4 남북공동성명을 체결할 당시와 21세기 남북관계의 소통 방식은 달라진 점이 없다. 남과 북은 여전히 대면으로 만나고, 팩스로 문서를 전달하며, 유선전화로 연락했다. 그런데 이마저도 사라졌다.

최근 북한은 북한식 4차 산업혁명이라 할 수 있는 '새 세기 산업혁명'을 강조하고 있다. 북한의 이동통신 가입자 수가 600만 명에 다다른 것으로 알려져 있다. 특히 지능형 손전화기(스마트폰)는 없어서는 안 될 필수품이 된 지 오래다. 또한 손전화기를 단순한 통신수단으로부터 "인터넷, 금융, 결제 등 정보기술기재로 전환"시키기 위해 노력하고 있다.

이제 아날로그적 남북관계와 헤어질 결심을 해야 한다. 새로운 남북관계는 디지털 기술을 활용한 교류와 협력이 가능한 디지털 공간에서 이뤄질 수 있다. 관련해서 한반도 디지털 플랫폼을 구축하기 위한 준비가 필요하다. 먼저 남북대화는 화상대화로 대체한다. 남북 당국뿐만 아니라 교류협력을 추진하는 지자체, 기업, 시민사회, 사회문화, 예술, 스포츠 분야의 다양한 주체들이 소통할 수 있다. 한반도 디지털 플랫폼은 남북의 다양한 행위자들이 교류협력과 경제협력에 관한 의사를 타진하고 계약(합의서)을 체결하며 결제할 수 있는 공간으로 활용할 수 있다. 디지털 플랫폼은 또한 딱딱한 회의와 계약의 공간을 넘어 사회문화 교류의 장으로 활용될 수 있다. 우리는 이곳에서 남과 북, 혹은 해외 아티스트와 함께 연주회를 개최하고 전시회를 관람할 수도 있다. 한반도 메타버스metaverse가 열리는 것이다.

그래서 평화가 필요하다. 현재 남북관계는 분명 위기이다. 하루도 빠짐없이 암울한 소식들이 넘쳐난다. 하지만 우리는 아직 한반도에서 두 발을 디디고 살아가고 있다. 바쁜 하루를 보내며 힘들다고 푸념을 하지만, 여전히 우리는 이 한반도에 살아 있다. 한반도 평화는 지금, 여기서부터 다시 시작이다. 지금의 엄혹한 한반도 정세에서 평화로운 한반도를 말하면 꿈같은 허황된 얘기라고 핀잔받을지도 모른다. 그러나 남북관계는 분명 다시 새로운 기회를 맞이할 것이다. 그 기회를 어떻게 활용하느냐에 따라 우리는 다른 미래를 마주하게 될 것이다.

남북관계는 타이밍이다. 남북관계의 얼음이 녹을 때 기회를 놓치면 안 된다. 2018년의 그 들떴던 기대와 희망이 무너져내린 것은, 어쩌면 우리의 준비와 과감한 결단이 부족했기 때문일지 모른다. 다시 준비하자. 한반도 평화는 지금 여기서부터 다시 시작이다!

平화공존의 '투 코리아' 전략은 불가능한가?

윤영상
KAIST 문술미래전략대학원 연구조교수

4

중요한 것은 남한의 보수 세력이나 민주 진보 세력이 추구하는 통일 방식이 다르더라도 공통분모를 만들어나가는 것이다. 남한 헌법이 그 내용을 모두 담을 수 있을 정도로 개정되고, 이를 북한도 인정할 수밖에 없도록 만들어야만 새로운 형태의 남북관계, 새로운 통일의 길이 열리는 것이다. 그것은 새로운 경쟁과 협력의 시작을 의미한다. 과거에는 상상할 수 없었던 한반도의 정치 공간이 열린다는 것을 의미한다. 누가 이것을 준비하고 있는가?

'투 코리아'냐, '원 코리아'냐

　　남한과 북한은 두 개의 국가인가, 아닌가? 공동 수교국만 하더라도 157개국이고, 둘 다 유엔 가입국이다. 국제법적으로 보면 '한국ROK'과 '조선DPRK'이다. 그러나 이 두 개의 국가는 이념 갈등과 분단 그리고 전쟁을 거친 관계다. 다른 국가들과 달리 교전交戰 상대이며, 동시에 통일의 상대방이다. 그러면서 상대를 국가로는 인정하지 않았다. 그러나 분단정부 수립 76년, 한국전쟁이 발발한 지 74년이 지났다. 그동안 수많은 충돌과 협상이 있었고, 수백 쪽이 넘는 합의문이 만들어졌음에도 불구하고, 전쟁 상태는 종식되지 않았다. 또 여전히 서로를 별개의 국가로 인정하지 않고 있다.

그런데 북한이 2023년 12월 30일 김정은 국무위원장의 입을 통해 남북관계를 '전쟁 상태에 있는 두 교전국 관계'로 공식화하면서 '통일 포기 선언'을 했다. 이는 처음 있는 일이다. 이로 인해 이제 지구상에서 남북관계를 두 국가 관계가 아니라고 규정하는 나라는 사실상 대한민국밖에 없게 됐다. 남한은 여전히 통일을 주장하면서 '원 코리아One Korea'를 강조하지만, 북한은 통일 논의의 흔적을 지우고 통일 관련 기관들을 해체하면서 '투 코리아Two Korea'를 강조하기 시작했다.

알고 보면 투 코리아는 남한이 먼저 제기했다. 1973년 박정희 대통령은 '6·23 평화통일 외교정책 선언'(약칭 6·23선언)에서 유엔 동시 가입과 교차승인론을 주장했는데, 그것이야말로 투 코리아 주장의 원조격이다. 유엔 동시 가입은 '한국'과 '조선'의 이름으로 유엔에 가입하여 투 코리아가 국제적으로 공식화되는 것이었고, 교차승인은 미·일·중·소 4대 강국이 한국, 조선을 국가로 인정하고 외교관계를 수립하는 것을 의미했다. 당시 박정희 대통령은 국제법적으로는 투 코리아를 공식화하지만 국내법적으로는 여전히 '원 코리아'이며, 이런 조치는 통일이 성취될 때까지의 '과도적 기간 중의 잠정조치'라고 밝혔다. 그 배경에는 이념보다 밥을 더 중시하는 실용주의적 경제개발론, 통일을 위한 실력배양론이 자리 잡고 있었다.

1988년 노태우 대통령은 '민족자존과 통일 번영을 위한 대통령 특별선언'(약칭 7·7선언)을 통해 남북한 간 교류와 협력을 활성화하고, 소모적인 대결 외교의 종식, 미·일·중·소 등에 의한 교차승인 추진을 선언했다. 6·23선언 이후 중단됐던 투 코리아 정책을 다시 추진한 셈이다. 그 결과 노태우 정부는 1988년 서울올림픽 성공 개최, 1990년 한·소 수교, 1991년 남북한 유엔 동시 가입, 1991년 남북기본합의서 체결, 1992년 한·중 수교로 이어지는 성과를 만들어냈다. 소련과 동구권의 변화라는 세계사적 변화와 맞물려 노태우 정부의 7·7선언과 북방정책이 빛을 본 것이다. 그러나 노태우 정부의 대북정책은 더 진전되지 못하고, 북한 핵문제를 둘러싼 논란이 본격화되면서 역사의 뒤안길로 밀려나게 된다.

왜 그랬을까? 무엇보다 노태우 정부는 화려한 성과를 만들어냈지만 북한은 그만큼의 성과를 얻지 못했기 때문이다. 한·소 수교, 한·중 수교는 이루어졌으나 북·일 수교, 북·미 수교는 이루어지지 않았다. 1991년 남북한 유엔 동시 가입 문제도 북한은 처음에는 반대했다가 남한의 압박과 소련·중국의 권유로 어쩔 수 없이 수용한 것이었다. 북한은 북·일 수교, 북·미 수교 그리고 한반도의 전쟁 상태 종식을 원했었다. 당연히 그것은 북한 체제와 정권의 생존과 유지를 목적으로 한 것이었다. 그러나 북한의 목적은 좌절됐다. 남한 정부와 미국이 동·서독의 통일 과정, 소련과 사회주의권의 붕괴 과정에 자극을 받아 북한을 더 강도 높게 포위하고 압박하려 했기 때문이었다.

1991년 남북한 유엔 동시가입이 이뤄지면서 한반도의 투 코리아는 국제법적으로 공식화된다. 그러나 그것을 주도했던 남한은 북한을 국가로 인정하지 않았다(북한도 남한을 별개의 국가로 인정하려 하지 않았다).

특수관계론과 투 코리아 문제

남북한이 국제법적으로는 두 국가이지만, 서로의 국가성을 인정하지 않는 특이한 상황에서 상호 간 교류와 협력을 확대하고 통일을 준비하기 위해 '특수관계론'이 만들어졌다. 특수관계론에 따르면 남북한 간의 교역은 국가 간의 교역이 아니라 국가 내부 교역, 민족 내부 교역을 의미했다. 그렇지만 특수관계론은 남북한이 각각 현재의 체제를 바꾸지 않으려는 관성적 태도를 정당화하는 의미도 있었다. 남한은 북한을 국가로 인정하지 않는 헌법 제3조를 바꿀 필요가 없었고, 북한은 '전국적 범위에서 민족해방민주주의 혁명'을 강조하고 있었던 노동당 규약 전문을 개정할 필요가 없었다.

남북기본합의서에서 공식화된 특수관계론은 사실 서독의 특수관계론을 벤치마킹한 것이었다. 서독의 특수관계론은 동독에 대한 적대적 입장을 폐기하고, '접촉을 통한 변화' 즉 동방정책 Ostpolitik을 선택했던 빌리 브란트 수상에 의해 공식화됐다. 브란트의 특수관계론은 서독의 기본법(헌법)상 동독을 국가로 인정할 수는 없지만, 동독의 국가적 실체는 실질적으로 인정하면서 동·서독 간의 접촉과 교류를 활성화시키기 위한 것이었다. 여기서 등장한 것이 바로 두 국가의 '합법적인de jure 인정'이 아니라 '사실상의de facto 인정'이라는 유명한 표현이다. 당시 동독은 이미 두 국가론을 공식화하고 있었지만, 서독의 보수파들은 '하나의 독일'을 고수하고 있었다. 브란트는 '사실상의 인정'이라는 방법으로 동독 정부와 서독 보수파들을 절충시키면서, 교류 협력의 길을 개척하려 했다. 그 결과 동·서독 간 교류 협력을 위한 법적 통로가 마련됐고, 동·서독 간의 합의도 조약과 다름없는 법률적 효과를 갖게 됐다.

물론 서독의 특수관계론을 동독이 합의해준 것은 아니었다. 동독은 특수관계론이 아니라 '두 개의 국가론'을 주장했으며, 서독이 특수관계론을 전면화하면서 하나의 민족을 강조하자 '두 개의 민족론'까지 들고 나오면서 반발했다. 그렇지만 1972년 동·서독 기본조약* 은 서독 정부의 특수관계론이 있었기에 가

---

* 정식 명칭은 '독일연방공화국과 독일민주공화국 관계의 기초에 관한 조

능한 것이었다. 브란트 정부는 소련을 이용한 간접적 압박과 동독 정부에 대한 직접적 설득을 동시에 구사하면서 '사실상의 국가 인정'이라는 관점에서 동·서독 기본조약을 체결했다. 그러나 당시 서독의 보수파들은 이를 인정하지 않았다. 그래서 그들은 동·서독 기본조약이 서독 기본법을 위반했다며 서독 헌법재판소에 위헌 제소를 했다.

1973년 7월 서독 헌법재판소는 동·서독 기본조약이 서독 기본법을 위반하지 않았고, 일종의 국제법적 조약으로서 법적 효력을 갖고 있으며, 통일을 추진하는 근거가 될 수 있다고 결정함으로써 브란트 정부의 손을 들어주었다. 동시에 보수 야당의 주장도 수용해 동독 국민들도 서독 국민이며, 동독을 탈출한 주민들에 대한 사격 행위가 발생하지 않도록 해야 한다는 내용도 결정문에 포함시켰다. 이러한 서독 헌법재판소의 결정은 적어도 서독 내에서 동·서독 관계를 둘러싼 갈등을 해결하는 데 크게 기여했다.

여기서 우리가 놓쳐서는 안 될 것이 있다. 그것은 바로 서독 헌법재판소의 판결만이 아니라 판결의 배경이 되는 서독 기본법의 개방성과 유연성에 대한 것이다. 당시 서독 기본법은 하나의 통일 방식이 아니라 편입 통일(제23조)과 합의형 통일(제146조) 약'이다.

모두를 허용하고 있었다.* 흡수통일을 추구하는 세력이나 합의형 통일을 추구하는 세력 모두 공존할 수 있는 헌법적 근거가 있었다는 것이다. 보수파인 기민당은 흡수통일을 추구했고, 진보파인 사민당은 합의형 통일을 추진했다. 서독 헌법재판소의 판결은 그런 두 개의 통일론이 헌법적으로 공존할 수 있는 근거로 '특수관계'를 공인했던 것이었다. 한국 헌법에는 바로 그런 개방성과 유연성이 부족하다. 우리가 헌법 개정을 고민하는 이유가 여기에 있다.

주지하다시피 1990년대 소련과 사회주의권이 붕괴된 이후 북한의 최대 관심은 체제 유지 및 독자생존이었다. 핵무기 개발이나 핵 협상을 통해 달성하려고 한 것도 바로 그런 목표였다. 20여 년이 넘는 핵 협상 그리고 60여 년 가까이 지속된 정전 체제의 경험 속에서 2011년 연말에 집권한 김정은 위원장은 처음부터 북한의 국가적 생존, 정상국가적 위상과 역할에 대한 관심

---

* 서독 기본법 제23조는 "다른 독일 주가 독일 연방공화국(서독)에 가입하면 가입한 주에도 기본법이 효력을 발휘한다"고 규정되어 있는데, 이는 통일 시 별도의 헌법(기본법)을 제정할 필요가 없는 근거가 된다. 반면 제146조는 "이 기본법은 독일 민족의 자유로운 결정으로 제정된 헌법이 발효하는 날에 효력을 잃는다"고 규정되어 있어서 동·서독이 공동으로 헌법 제정 논의를 하게 되는 상황으로 이어진다. 제23조에 따르면 빠른 통일이 가능했고, 제146조에 따르면 통일 과정에 많은 시간이 소요될 수밖에 없던 것이다.

이 많았던 것으로 알려져 있다. 다시 말해 북한이 사라질 수도 있는 통일보다는 국가 생존을 더 중시했고, 핵무기 고도화도 그런 목적을 달성하기 위한 수단이었으며, 남·북·미 간 화려한 정상외교의 궁극적 목적 역시 북한의 국가적 생존에 있었다. 2019년 2월 하노이 북·미 정상회담의 결렬(하노이 노딜)은 김정은 위원장으로 하여금 국가적 생존을 위한 새로운 길을 모색하게 만드는 계기였다. 다시 말해서 북한은 국가 생존과 핵무기, 통일 문제를 둘러싼 '전략적 선택'을 고민하게 됐다는 것이다.

2020년 6월 남북공동연락사무소 폭파는 그런 북한의 고민이 적나라하게 표출되는 사건이었다. 만약 문재인 정부가 대북강경책을 취했더라면 '적대적 두 국가론'은 그때 등장했을 수도 있다. 당시 북한은 '적대관계'로 돌아갈 수도 있다는 엄포를 놓았지만, 그것을 단행할 수는 없었다. 문재인 정부가 대북 안보 태세를 유지하면서도 대화와 협상을 통한 문제해결 노력을 포기하지 않았기 때문이다. 그러나 윤석열 정부가 주적 개념을 부활시키고, 대북 적대시 정책, 대북 압박 정책을 전면화하자 북한은 그것을 핑계로 '9·19 군사합의서 백지화' '적대관계 전면화'를 선언하게 된다. 그리고 북한의 대남정책 전환은 12월 말 노동당 전원회의와 2024년 1월 초 최고인민회의를 거치면서 확연해졌다. 그렇다면 북한의 '적대적 두 국가론'의 실질적 의미는 무엇일까?

첫째, 북한은 남북관계를 명확하게 '교전 상태의 적대관계'로 재확인했다. 북한이 남북관계를 적대관계로 규정한 일차적인 이유는 핵무기를 비롯한 북한의 모든 무기들이 남한을 겨냥하고, 남한과의 전쟁을 준비하고 있다는 것을 분명히 하려는 것이다. 북한은 남북한 간의 적대관계를 분명히 함으로써, 평화나 통일과 같은 관성적인 정치담론이 아니라 철저하게 '전쟁 논리'로 남북관계, 북일관계, 북미관계를 재정비하려는 것이다. 북한의 '전쟁 논리'는 남한과 일본, 미국 모두 공격 대상이며, 그것은 '종전'이 이루어지기 전까지는 변할 수 없다는 것을 함축한다. 그 현실적 목표는 기존의 남·북·미 관계와 협상의 틀을 바꾸려는 것으로 보인다. 북한만의 일방적인 비핵화를 위한 협상은 존재할 수 없다는 것이며, 핵 군축과 종전을 위한 새로운 협상의 틀을 만들자는 것이다. 그렇게 볼 때 북한의 대남 정책 전환은 일종의 벼랑 끝 전술이다.

둘째, 북한은 '두 개의 국가론'을 전면에 내세우면서 사실상 '통일포기론'을 내세우고 있다. 그것은 무엇보다 평화통일에 대한 환상을 걷어내면서, 적대관계에 집중하는 효과를 노리고 있다. 동시에 북한은 통일 포기 논리를 철저하게 '조건부'로 제시한다. 동족이라고 생각했던 남한이 흡수통일만 획책하는 존재이기 때문에 그런 존재들과의 통일 논의를 포기한다는 것이다. 그리고 그것은 남한의 "보수 세력"만이 아니라 흡수통일을 추구하는 헌법에 근거해서 평화와 통일을 말하고 있는 "민주 세력"과의 통일 논의도 포기한다는 것을 의미한다.

과연 북한이 통일을 포기한 것인가? 적어도 논리적으로는 그렇지 않다. 북한의 논리는 북한을 흡수통일하려는 세력과의 통일 논의를 포기한다는 것이지, '조선'과의 실질적 공존을 추진하는 경우에도 그렇다는 것은 아니기 때문이다. 만약 국민의힘이든, 더불어민주당이든 남한 헌법 제3조나 제4조를 개정해 공존형 통일의 길을 제시한다면 북한과의 통일 논의는 논리적으로 가능하다. 북한은 남한 헌법 개정 여부를 통일 논의의 전제조건으로 만들려 하는 것이다.

물론 북한은 '통일 포기'를 말하면서도 '무력 통일'의 길을 주장하는 이중성을 보이고 있다. 북한은 전쟁이 일어난다면 대한민국을 점령, 정벌할 것이라는 말을 통해 사실상 '무력 통일'을 주장한다. 그런데 이러한 김정은 위원장의 말은 김일성이 1948년 발표한 '국토완정론'과 비슷해 보이면서도 다르다. 김일성의 '국토완정'이라는 말 속에는 '하나의 국가' 통일'이라는 말이 숨겨져 있지만, 김정은의 말 속에는 '하나의 국토' 통일'이라는 의미가 아니라 북한의 국가 존립을 위협하는 세력, 북한을 공격하는 세력을 정벌, 점령한다는 의미가 더 강하기 때문이다.

최근 북한의 공식적 논리를 보면 불가능한 '남조선 혁명'을 염두에 두는 것이 아니라 사회주의국가 '조선'의 위상과 역할을 강화시키는 방식의 '국제정치'를 염두에 두고 정책을 펴고 있다. 그리고 바로 그 점이 북한 대남 정책 전환의 핵심이라고 볼 수 있다. 그것은 앞으로 일본이나 미국 등과의 외교관계에서도 남한과 상관없는 '조선'과의 문제만을 거론하려는 모습으로 나타날 것이다. 그것을 남한 패싱이나 통미봉남通美封南이라고 해석할 수도 있겠지만, 가망 없는 남북대화나 대남공작에 힘을 쏟아붓기보다는 체제 유지와 국가보위에 전념하겠다는 의도로 해석할 수 있다. 북한은 남한의 인도적 지원도 거부하고 있으며, 남한의 돈이 아니더라도 생존할 수 있다는 것을 보여주려 한다.

윤석열 정부는 북한의 이와 같은 대남 정책 변화를 승리의 신호로 해석한다. 다시 말해 북한의 적대적 두 국가론과 통일 포기 선언이 사실상 남한과의 체제 경쟁에서 패배한 것을 자인하는 셈이기에 자신감을 갖고 안보 태세를 강화하고, 체제 우위를 더 강조하는 방식의 통일정책을 추진해야 한다는 것이다. 그것은 '힘에 의한 평화'와 '자유민주적 통일 강화'로 나타난다. 이른바 '힘에 의한 평화'는 '3축 체계 강화'와 같은 독자적인 군비증강, 한미 동맹 강화와 핵우산 정책 그리고 일본까지 끌어들인 한미일 군사협력 강화를 강조한다. 북한에게는 강하고, 미국과 일본에게는 한없이 약한 윤석열 정부의 외교안보 정책이 등장하는 지점이다. '자유민주적 통일론'은 남한이 주도하는 흡수통일론을 분명히 하는 것을 말한다. 윤석열 정부는 남한은 통일 추진

세력이고 북한은 통일을 반대하는 반민족 세력이라고 규정하면서, 북한 체제의 취약성을 비판하고, 북한 인권 문제를 부각시키려 한다. 서독이 동독의 두 국가론, 두 민족론, 통일포기론을 비판하면서 하나의 국가론과 특수관계론을 끝까지 관철시킨 결과 서독 중심의 흡수통일이 이루어진 것처럼 남한도 그렇게 해야 한다는 것이다.

그런데 이런 주장은 동독과 북한의 차이, 서독과 남한의 정치권이 갖고 있는 정치력의 차이를 전혀 고려하지 않는다. 동·서독의 통일은 대결 체제의 확대 속에서 이루어진 것이 아니라 교류와 협력의 확대를 통해 이루어졌기 때문이다. 그런데 지금 윤석열 정부는 교류 협력이 아니라 대결의 심화와 전쟁을 부르는 행동을 하고 있다.

민주당은 윤석열 정부와는 달리 평화의 중요성을 강조하고 있다. 북한의 도발을 강력히 규탄하고, 군사적 안전장치를 마련하기 위한 군사 대비 태세를 구축하겠지만, 대화와 협상을 통한 평화적 문제해결은 민주당의 일관된 노선임을 강조한다. 그러나 북한이 민주당조차 흡수통일 노선에 따라 평화를 말하고 있다는 비판에 대해서는 침묵한다. 민주당은 남북한의 평화공존을 말하면서도, 북한의 국가성을 존중하는 방식의 두 국가 평화공존을 실현하기 위한 방안을 적극적으로 제시하지 못한다. 특히 헌법의 영토 조항을 개정해 '평화공존의 두 국가론'을 바탕으로 새로운 통일의 길을 개척하겠다는 의지도 말하지 못한다.

그래서 많은 사람들은 민주당이 집권하더라도 북한의 태도 변화를 이끌어내는 것이 쉽지 않다고 평가한다. 지금 북한의 모습은 과거 김대중 정부, 노무현 정부, 문재인 정부 시기의 북한과 근본적으로 다르다. 그러나 민주당은 과거와 다를 바 없는 정책으로 북한의 새로운 대남 정책에 반응하고 있다. 물론 민주당 내에서도 적극적인 대안을 주문하는 사람들이 있지만, 그들의 목소리는 거의 들리지 않는다. 대부분의 민주당 사람들은 북한의 변화를 확신할 수 없는 상태에서의 두 국가 평화공존론이나 헌법개정론은 선거에 전혀 도움이 되지 않는다는 생각을 공공연히 말할 뿐이다. 그들은 국민들이 북한 문제에 대해 피로감을 느끼고 있고, 안보 문제에 민감하게 반응하고 있으므로 불필요한 논란거리를 만들어서는 안 된다는 인식에 머물러 있다.

'평화공존의 투 코리아' 전략이 필요하다

남북한의 적대관계는 무려 70여 년 넘게 이어져왔다. 두 국가의 분단 상태도 80년이 돼가고 있다. 시간이 흐를수록 두 국가 관계는 고착될 수밖에 없다. 당연한 역사의 흐름이라고 할 수 있다. 남북한의 적대관계를 종식시키지 못하면, 언젠가는 무력 충돌과 전쟁으로 이어질 가능성이 높다. 남한이든 북한이든 어느 한쪽이 완전히 승리할 수 없다면 타협해야 전쟁을 막을 수 있다. 그러나 타협은 서로의 실체를 인정하고 존중해야 가능하다. 그러지 않으면 타협이 이루어지지 않는다. 핵 협상 30여 년의 역사, 정전협정 70여 년의 역사가 그것을 말해준다. 앞으로도 그런 상황이 계속된다면 남는 것은 비극의 공포와 비극 자체일 뿐이다.

북한의 적대적 두 국가론이나 남한의 주적 개념에 근거한 흡수통일론은 표현 방식은 다르지만 전쟁을 부르고 적대를 강화시킨다는 점에서 본질적으로 비슷하다. 그러나 북한이 남한의 주장에 동조할 가능성은 친남한 정권이 들어서지 않는 한 불가능하나, 남한이 북한을 대화의 장으로 끌어내기 위해서 북한의 논리를 이용하는 것은 가능하다. 다시 말해 북한의 국가성을 인정하면서 적대관계 청산을 위한 논의를 진행할 수 있다는 것이다. '한국'과 '조선'을 호명하면서 대화의 길을 찾는 것이 평화를 만드는 현실적인 경로가 될 수 있다는 말이다.

사실 '두 개의 국가'를 인정한다고 해서 남한과 북한이 같은 생각을 하겠는가? 한국과 조선의 평화공존은 새로운 미래를 위한 출발이지, 미래의 결말은 아니다. 평화공존 속에서 새로운 관계가 형성될 것인데, 북한이 그것을 감당하지 못할 수도 있고,

감당하면서 차원 높은 남북관계를 만들어갈 수도 있다. 남한 내에서도 마찬가지다. 남북한의 평화공존을 주장하는 사람들 사이에서도 서독처럼 다양한 통일론이 공존할 수 있다. 두 국가의 평화공존을 주장하는 사람들이 많아진다면 적어도 남한과 북한 모두에서 극단적 대결을 선동하는 사람들이 줄어들 것은 분명하다.

적대와 전쟁을 앞세운 통일은 성공하기 어려울 뿐만 아니라 상상할 수 없는 비극을 만들어낸다. 누가 그 비극을 감당하겠는가? 중요한 것은 남한의 보수 세력이나 민주 진보 세력이 추구하는 통일 방식이 다르더라도 공통분모를 만들어나가는 것이다. 남한 헌법이 그 내용을 모두 담을 수 있을 정도로 개정되고, 이를 북한도 인정할 수밖에 없도록 만들어야만 새로운 형태의 남북관계, 새로운 통일의 길이 열리는 것이다. 그것은 새로운 경쟁과 협력의 시작을 의미한다. 과거에는 상상할 수 없었던 한반도의 정치 공간이 열린다는 것을 의미한다. 누가 이것을 준비하고 있는가?

많은 사람들은 투 코리아가 공식화될 경우 영구 분단이 기정사실화된다고 생각한다. 그러나 이는 고정관념이다. 투 코리아가 공식화되더라도 국가연합 수준의 통합을 달성할 수 있다면 이는 일반적인 국가 관계가 아닌 특수한 국가 관계로 전환된다. 다시 말해 가칭 '코리아 연합'에 참여하고 있는 두 국가 간의 관계라는 '특수관계'가 성립할 수 있는 것이다. 과거의 특수관계론이 보편성을 부정한 특수관계였다면, 새로운 특수관계는 주권국가 간의 보편성에 근거하되 다른 국가들과는 다른 특별한 관계로 발전한다는 의미를 가질 것이다. 중요한 것은 이를 실행에 옮길 수 있는 남북한 정치인들의 정치력이다.

무엇보다 남한 내에서 적대관계의 지속, 긴장과 대결의 격화가 가져올 파괴적 미래를 반대하는 사람과 세력들 간의 초당적 합의와 협력이 중요하다. 북한 체제와 김정은 정권을 비판하더라도 북한을 평화공존의 파트너로 인정할 수 있는 사람들이 정치적 입장과 견해의 차이를 넘어 협의하고 협력하면서 새로운 공간을 만들어내는 노력이 필요하다. 만약 북한이 전쟁을 선택하면 방어 전쟁을 치를 수밖에 없지만, 우리가 전쟁을 예방하면서 평화적으로 공존하는 길을 만들어내고, 이에 북한이 동의하도록 해야 한다.

이를 위해 헌법 제3조와 제4조를 모두 개정하는 데 합의할 수 있다면 더할 나위 없이 좋다. 그러나 제3조를 개정하는 데 동의하지 못하겠다면 제4조라도 바꾸는 데 합의할 수 있어야 한다. 제3조의 영토 조항을 인정하면서도 제4조의 '자유민주적 통일'이라는 표현을 '민주적 기본질서'에 바탕을 둔 통일로 바꿀 수 있다면 제3조와 제4조의 규범을 조화시키는 방식으로 평화공존의 길을 열어낼 수 있기 때문이다. 그럴 경우 제3조의 영토 조항은 통일국가의 영토 조항으로 해석될 가능성이 높아진다.

이와 관련해 헌법재판소의 결정과 대법원 판결이 바뀌도록 노력한다면 남북한 간의 합의문서가 조약의 위상을 갖는 것도 가능해진다. 기존의 '반국가단체이며 통일의 동반자'라는 규정을 넘어서는 공존형 통일의 길을 헌법 해석을 통해 만들어낼 수도 있다. 헌법 해석도 살아 있는 것이기에 변할 수 있다. 물론 가장 깔끔한 방향은 북한이 쉽게 수용할 수 있도록 제3조를 폐지하거나 유보하고 제4조를 개정하는 것이다. 그러기 위해서는 남한 내부 정치에서 그렇게 헌법을 바꿀 수 있는 힘을 만들어야 한다. 일반 법률을 재개정하는 문제는 국회 과반 의석을 확보하면 된다. 그러나 헌법을 개정하는 문제는 국민들 다수의 공감을 얻지 않고서는 불가능하다. 그래서 초당적 논의, 다양한 입장을 수렴할 수 있는 개방성과 유연성을 갖추어야만 한다.

핵문제 해결은 요원하고 평화협정 체결도 쉽지 않은 상황에서 적대의 강화와 전쟁의 공포가 찾아오고 있다. 중요한 것은 바로 그런 현실을 바꾸어내는 것이다. 중요한 문제를 한꺼번에 해결하려고 했던 핵 협상 30년의 실패는 새로운 접근법을 요구한다. 복잡한 문제들을 분리시켜 상대적으로 쉬운 문제를 먼저 해결하고, 어려운 문제를 미루는 것도 한 방법이다. 북한과 미국의 변화를 요하는 핵문제나 평화협정 체결 문제를 천천히 논의하고, 남한이 주도할 수 있는 남북한 국가 승인 문제부터 추진할 수 있다.

아마 남북한 국가 승인과 외교관계 수립이 이루어진다면 북·일 수교는 생각보다 빨리 진행될 수도 있다. 북·미 수교는 핵 협상의 진행 과정과 맞물리겠지만 북·미 수교가 핵 협상의 보증이 되는 방식으로 급진전될 수도 있다. 평화협정은 체결되지 않았지만 정전협정은 서서히 존재감이 없어질 것이고, 관련 당사국들이 모두 외교관계를 수립하는 상황이 만들어지게 되면 평화협정 자체가 큰 의미가 없어지는 상황이 도래할 수도 있다. 쉬운 문제를 먼저 풀고 복잡하고 어려운 문제를 시간을 갖고 풀어가는 선이후난先易後難의 길을 현실화시키는 연쇄적 변화가 시작되는 것이다. 한반도와 동북아의 새 역사는 그렇게 쓰일 수도 있다.

그 연쇄적 전환의 길을 여는 첫걸음은 바로 남한 내부에서의 초당적 토론과 합의다. 전쟁을 반대하고 평화공존에 합의하는 초당적 공론장이 거대한 평화공존의 흐름을 만들어내면서 헌법 개정을 주도해야 한다. 그것이 이루어진다면 남북한의 상호 승인 및 특수한 외교관계 수립의 길이 열릴 것이다. 남한이 주도하고 북한도 따라올 수밖에 없고, 미국과 중국도 동의할 수밖에 없는 역사적 대전환은 남한에서 시작돼야 한다. 바로 평화를 사랑하는 깨어 있는 시민들이 이를 위해 움직여야 한다.

한반도의 북쪽을 뭐라고 부를까?

성현국
평화네트워크 운영위원장

남북이 서로를 어떻게 호명해왔느냐는 그 시대의
남북관계를 반영한 결과라고 할 수 있다. 남북이 상호
신뢰를 돈독히 유지하고 있었을 때 호칭은 유화적으로
변했으며 그 반대의 경우 서로를 '괴뢰'라 칭했다.
안타깝게도 지금의 한반도는 후자의 상황에 가깝다.

호칭이 뭐가 중요하냐고?

2024년 새해 벽두에 김정은 위원장은 한 해를 결산하고 새해를 전망하는 조선노동당 전원회의와 최고인민회의 시정연설에서 '대한민국'을 호명했다. 통상 '남조선'으로 호명하던 우리나라를 '대한민국'으로 부른 것이다. 그의 여동생 김여정 노동당 부부장이 2023년 7월부터 '대한민국'을 부르기 시작했지만, 무게감이 달랐다.

상대의 공식 국호를 부르는 게 언뜻 보면 당연하다 생각하겠지만 속사정은 심각하다. 김정은은 남북관계가 더 이상 '동족 관계' '동질 관계'가 아닌 '적대적인 두 국가 관계' '전쟁 중에 있는 완전한 두 교전국 관계'라며 '대한민국'을 호명한 것이다. 이제 남남이니 국호로 부르겠다는 말이다.

지금까지 남북은 서로의 '이름'을 부르는 데 주저했다. 최소한 남북 당국 간에는 '대한민국'(한국)과 '조선민주주의인민공화국'(조선)이란 공식 국호를 서로 언급하길 꺼려왔으며 의도적으로 회피해왔다. 서로를 국가로 인정하지 않고 한반도에서 정치적, 법적 우위를 차지하려는 의도도 있겠지만, 남북기본합의서(1992)에서 합의한 바와 같이 서로가 '나라와 나라 사이의 관계가 아닌 통일을 지향하는 과정에서 잠정적으로 형성되는 특수관계'라는 점을 인정한 결과이기도 했다.

이런 이유로 남북 당국은 공식 회담에서 서로를 '남측'과 '북측' 혹은 '귀측' 등으로 에둘러 불러왔다. 내부적으로 한국은 조선을 '북한'으로, 조선은 한국을 '남조선'으로 호명하는 것이 관례가 됐다. 다만 최근 남북관계가 최악의 상황으로 치달으면서 한국에 대한 북한의 호명은 '남조선 것들' '남조선 놈들' '남조선 괴뢰' 등을 거쳐 '괴뢰 대한민국' '대한민국 것들' 등 점점 더 거칠어지고 있다.

결과적으로 북한의 '대한민국' 호명은 남북의 상호 호칭에 대한 우리 사회의 관심과 논의를 불러일으키고 있다. 아쉬운 점은 이러한 논의가 상당히 감정적인 대응의 수준에서 진행되고 있다는 것이다. 이런 이유로 여기서는 남북의 상호 호칭 문제를 역사적 변화와 분단국 사례를 통해 분석하고 나름의 대안을 제안하려 한다.

시대를 반영한 남북의
호칭 변화

나라의 이름은 국가의 역사와 정체성을 나타낸다. 일반적으로 호칭은 화자가 상대방을 부를 때 사용하는 표현이다. 대한민국의 국호는 일제강점기 전에 있었던 대한제국의 '대한'과 민권을 의미하는 '민국'으로 구성되어 있다. 반면 조선민주주의인민공화국은 '조선'과 '민주주의 인민공화국'으로 구성되어 있다. '조선'은 한반도의 전통적 명칭을 사용해 역사적 정통성을 강조하려는 의도를, '민주주의 인민공화국'은 인민을 중심으로 하는 사회주의 체제를 강조하려는 의도를 담고 있다. 그렇다면 우리는 북한을 어떻게 부르는 것이 적절할까?

일단 유엔에 등록된 국호는 대한민국Republic of Korea, ROK과 조선민주주의인민공화국Democratic People's Republic of Korea, DPRK이다. 그러나 남과 북은 서로를 북한과 남조선으로 부르며 상대방을 통일의 대상으로 간주하는 관행을 이어왔다. 대한민국 헌법 제3조는 한반도 전체를 영토로 규정하고 있지만, 북한 헌법에는 이러한 명시적인 영토 조항이 없다. 그러나 북한 헌법도 과거에는 한반도(북한식 표현으로는 조선반도) 전체를 영토로 규정하고 있었다. 그러다가 1991년 남북한의 유엔 동시 가입을 앞두고 유엔이 남북한 양쪽에 영토 조항의 수정을 권고하자 북한은 영토 조항을 폐기했다. 다만 2024년 들어 김정은 위원장이 헌법을 개정해 영토 조항을 포함할 뜻을 내비친 바 있어 귀추가 주목된다.

그렇다면 과거 남과 북은 서로를 어떻게 호명해왔을까? 남북은 분단 이후 1960년대까지 제한적인 문제 제기와 상호 정통성과 우월성을 강조하는 정치적 선전에 주력했다. 그러던 것이 1971년 9월에 이르러 남북적십자회담을 시작으로 인도적 문제를 중심으로 한 대화가 시작됐다.

당시 만들어진 최초의 남북합의서는 독특하게도 동일한 합의 내용에 대해 각자의 이름으로 합의서를 별도로 작성했다. 대한민국은 '남북적십자회담 제2차 예비회담 합의사항'을, 조선민주주의인민공화국은 '조선민주주의인민공화국 적십자회와 남조선적십자사 간의 예비회담 제2차 회의 합의문'을 각각 작성했던 것이다. 한국은 자신의 합의문에서 북측 적십자회를 "북한적십자회"로 표기했으며, 북한은 자신들의 합의문에서 대한적십자사를 "남조선적십자사"로 표기했다.[14] 이는 상호 호칭 문제로 인한 논쟁을 회피하기 위해 각자의 입장에서 상대방을 호칭하는 방식으로 합의서를 각각 만든 결과였다.

다음으로 1972년 7월 체결된 7·4 남북공동성명에서는 단일한 합의서가 작성됐는데 동 합의서에서는 남과 북을 '서울'과 '평양'으로 호칭함으로써 국호 사용에 따른 문제를 자연스럽게 우회했다. 1972년 8월 11일 체결된 '본회담 기타 진행절차와 일시에 관한 합의문(남북적십자 제25차 예비회담)'에서는 "초청측" "자기측" "상대측" 등으로 상대방을 표현하기 시작했다. 이러한 상호 호칭은 1974년을 마지막으로 남북회담이 중단될 때까지 지속됐다.

7·4 남북공동성명 이후 중단됐던 남북대화는 1984년 북한이 남한에 수해 물자 제공을 제안하고 남한이 이를 수락하면서 재개됐다. 이후 경제회담, 적십자회담, 국회회담, 체육회담 등 다양한 대화와 회담이 이어졌다. 1985년에는 이산가족 고향 방문과 예술공연단 교환 방문이 성사됐는데, 이때 체결된 '남북이산가족 고향 방문 및 예술공연단 교환 방문에 관한 합의서'에 회담 대표를 표기하는 과정에서 "대한민국"과 "조선민주주의인민공화국"이 처음으로 병기됐다.

1990년대는 남북관계에 있어 중요한 진전이 이루어진 시기이다. 1990년 남북고위급회담이 열렸고 1991년에는 남북이 유엔에 동시 가입하게 된다. 1992년에는 '남북기본합의서'와 '한반도 비핵화 공동선언'을 채택했다. 특히 남북기본합의서에서 남북관계를 '나라와 나라의 관계가 아닌 통일을 지향하는 특수관계'로 규정하면서 남북관계의 혼란상을 수습하는 듯했다. 이 시기 '남측' '북측' '남과 북' 그리고 '대한민국'과 '조선민주주의인민공화국'이라는 호칭이 공식 문서에 혼용됐다.

2000년에는 김대중 대통령과 김정일 위원장이 분단 이후 최초로 남북정상회담을 가졌다. 이 회담의 성과로 나온 '6·15 남북공동선언'에서도 "대한민국"과 "조선민주주의인민공화국"으로 국호가 사용됐다. 이후 진행된 2007년의 '10·4 남북정상선언'과 2018년의 '판문점선언' 그리고 '9월 평양정상선언'에서도 "대한민국"과 "조선민주주의인민공화국"이라는 공식 국호가 남북 정상의 서명에 사용됐다.

그렇다면 실무적 차원에서 진행된 남북의 대화에서는 어떤 호칭을 사용했을까? 이와 관련해 필자는 2000년 이후 18차례 남북 장관급 회담에서 어떤 호칭을 사용해왔는지에 대해 정세현, 이재정 두 분의 전직 통일부장관과 개성공단관리위원회 이사장을 역임한 김진향 박사를 인터뷰했다. 해당 인사들은 남북의 협상 당시 호칭은 '북측' '남측' 또는 '귀측'이란 호칭을 사용했다고 말했다. 다만 통일부의 공식 협상 문서와 합의서 및 각종 문서상의 서명 용어로는 '대한민국'과 '조선민주주의인민공화국'이라고 표기했다고 한다.

다른 분단국들은 서로를 어떻게 호칭했나?

앞서 논의한 바와 같이 남과 북은 남북관계의 특수

성을 인정하면서 서로에게 다가가는 방식으로 서로에 대한 호칭을 변화시켜왔다. 그렇다면 다른 분단국들은 서로를 어떻게 호칭해왔을까? 먼저 독일이 통일되기 전 동독과 서독이 서로를 어떻게 호명했는지 알아보자. 독일 전문가인 이동기 강원대 교수가 필자와의 인터뷰에서 설명해준 내용을 중심으로 정리하면 아래와 같다.

동독의 공식 국호는 '독일민주공화국Deutsche Demokratische Republik, DDR'으로 독일 외부에서는 대개 '동독Ostdeutschland'으로 불렸다. 하지만 서독에서는 동독이라 하지 않고 '소비에트연방 점령구역Sowjetischen Besatzungszone, SBZ' 이를 줄여 '존네Zone' '중부지역Mittelland' 동독 공식 국호의 약어인 'DDR' 등을 주로 사용했다고 한다.

서독의 국호는 '독일연방공화국Bundesrepublik Deutschland, BRD'으로 독일 외부에서는 대개 '서독Westdeutschland'으로 불렸다. 동독은 서독의 공식 명칭인 '독일연방공화국' 혹은 줄여서 'BRD'로 호칭했다고 한다. 동독과 서독이 서로 호칭을 다르게 불렀던 핵심적인 이유는 동독이 '2민족 2국가'를 주장한 반면 서독은 '1민족 2국가'를 견지한 데 있었다. 동·서독의 정부와 매체는 내부적으로도 자신을 동독이나 서독으로 부르지 않고, 공식 국호를 사용했다. 남북한이 오랫동안 남한, 북한, 남조선, 북조선으로 불렸던 것과는 차이가 나는 대목이다.

그러다가 1972년 체결된 '독일연방공화국과 독일민주공화국 관계의 기초에 관한 조약'을 계기로 서독이 동독의 공식 국호를 사용하기 시작했다. 동·서독조약으로 상호 관계가 안정되면서 동독에 대한 서독의 호칭이 달라진 것이다. 이후 서독이 동독을 흡수통일한 후에는 서독의 국호가 통일독일의 공식 국호가 됐다.

그렇다면 중국과 대만은 서로를 어떻게 호칭해왔을까? 여기서는 양안관계 전문가인 장영희 충남대 교수의 자문을 기반으로 해당 내용을 정리했다. 중국의 공식 국호는 '중화인민공화국 中华人民共和国, People's Republic of China'이고, 대만의 공식 호칭은 '중화민국中華民國, Republic of China'이다.

이러한 호칭에는 파란만장한 역사가 반영되어 있다. 대만은 청나라의 통치하에 있다가 청일전쟁에서 청나라가 일본에 패한 후 1895년 시모노세키 조약으로 일본의 식민지가 됐다. 한편 청나라가 패망하고 1912년에 중화민국이 수립됐는데, 1945년 일본이 제2차 세계대전에서 패하면서 대만은 중화민국에 귀속됐다. 이후 중국 대륙에서 진행된 국공 내전에서 장제스의 국민당이 패하면서 중화민국 정부는 대만으로 후퇴했고 수도를 베이징에서 타이베이로 옮기게 된다. 결국 마오쩌둥의 공산당은 1949년에 중화인민공화국 수립을 선포했다.

이후 중화민국은 중국 대륙에 대한 통치권을 상실했고 중화인민공화국은 대만에 있는 중화민국을 국가로 인정하지 않고, 내전의 결과 대만이 중화인민공화국의 일부라고 주장해왔다. 이에 따라 중국은 대만을 공식적으로 '중화인민공화국 대만성中华人民共和国台湾省'이라 부르고 있는데, 이는 중국이 대만을 중국에 속한 하나의 성으로 간주하고 있다는 것을 의미한다. 다만 중국은 대만 내부의 상황을 언급할 때는 '대만 문제'라고, 중국-대만 관계를 가리킬 때는 '대만해협의 양안관계'라고 표현한다.

대만 역시 중국의 공식 호칭인 '중화인민공화국'을 사용하지 않고, '중국' '중공' '중국 대륙' '대륙'이라는 표현을 주로 사용해왔다. 국제적으로 대만(중화민국)을 국가로 승인하고 수교를 맺은 국가는 12개국에 불과하다. 이런 이유로 중화민국은 대부분의 국제기구에 가입하지 못하고 있으며 국제 스포츠 경기에서는 '차이니즈 타이베이Chinese Taipei'라는 명칭이 사용되고 있다.

두 분단국 사례에서 우리는 어떤 교훈을 얻어야 할까? 먼저 상대를 부정하고 그것이 반영된 호칭이 고착화된다면 쌍방 관계를 어렵게 만들고 통일에 부정적인 영향을 미친다는 점이다. 또한 상대의 이름을 있는 그대로 불러주는 과정에서 반드시 상호 신뢰라는 토대가 튼튼히 마련되어야 한다는 점이다. 상호 불신이 극에 달한 상황에서는 어떤 호칭도 부정적으로 인식될 수밖에 없기 때문이다.

북한 호칭에 대한
우리 사회의 논의

우리 사회에서 북한에 대한 호칭은 다양하게 변화해 왔다. 반공을 국시로 했던 이른바 군사독재 시절에는 '북괴' '적괴' '괴뢰집단' '괴뢰정권'이란 용어가 종종 사용됐다. 그러다가 1972년 7·4 남북공동성명이 발표된 이후 언론에서 '북한'이라는 호칭이 사용되기 시작했다. 당시 문공부는 정부의 공보 지침에 따라 기존의 '북괴'라는 호칭을 '북한'으로 변경하고 '김일성과 그 체제에 대한 중상 비방을 삼갈 것'을 지시한 것으로 알려졌다.[15]

이후 1980년대까지는 '북한'과 '괴뢰'란 호칭이 남북관계의 부침에 따라 빈도를 달리하던 것이 1990년대 이후로 '북한'이란 호칭이 주로 사용되고 있다. 다만 일부 전문가나 시민사회에서 북한을 '조선' '조선민주주의인민공화국' '북조선' '북측' '북' 등으로 호칭하는 사례도 종종 발견된다.

이와 관련하여 한국의 언론 단체들이 북한에 대한 호칭 문제를 정리한 사례가 있다. 1995년 8월 15일 광복절을 맞아 한국기자협회, 전국언론노조, 한국PD연합회 등 언론 3개 단체가 '평화통일과 남북 화해·협력을 위한 보도·제작 준칙'(이후 준칙)을 제정했다.[16] 해당 준칙은 총강의 첫 번째로 "우리는 대한민국

(약칭 한국)과 조선민주주의인민공화국(약칭 조선)으로 나눠진 남과 북의 현실을 인정하며, 상호존중과 평화통일을 준비하는 차원에서 상대방의 국명과 호칭을 있는 그대로 사용한다"고 명시했다.* 그간 금기시 되어왔던 북한의 국호를 그대로 호칭하자는 의견을 제시한 것이다.

해당 준칙은 또한 '보도 실천 요강'의 두 번째 항목으로 "인물 호칭·직책 존중: 조선민주주의인민공화국의 인물에 대한 호칭은 대한민국의 그것과 마찬가지로 성명 다음에 직책을 붙여 호칭"하는 것을 제안했다. 당시로서는 상당히 획기적인 제안이었다. 하지만 이러한 준칙이 사회적 논의로 확대되지 못했으며 언론 스스로도 해당 준칙을 제대로 지켰다고 보기 어렵다.

사실 우리 정부가 '조선민주주의인민공화국'을 우리 사회에서 어떻게 호칭할 것인지 명시적으로 규정한 바는 없다. 다만 법률에서는 '조선민주주의인민공화국'을 '북한'으로 호명하고 있다. '남북관계 발전에 관한 법률'과 '남북교류협력에 관한 법률' 등 남북관계를 규정하고 있는 법률들은 동일하게 '북한'을 법률 용어로 사용하고 있다. 이로 인해 '북한'을 사용하는 것이 관례처럼 굳어져왔다. 남북 간에도 상호 회담에서 상대를 호칭하

---

* 이에 대한 논란이 일어나자 3개 단체는 2017년 10월 준칙 개정을 통해 "사용함을 원칙으로 한다"라는 표현으로 완화했다.

는 표현들이 관례화되어 정착됐을 뿐 남북이 서로를 어떻게 호명할지 공식적으로 합의한 바가 없다. 이런 이유로 남과 북 서로가, 그리고 남과 북 내부적으로도 다양한 표현으로 서로를 호명하는 문제가 지속되어온 것이다.

관련하여 평화활동가인 평화네트워크 정욱식 대표는 남북 간 불신이 격화되고 있는 상황에서 '평화공존의 출발점은 상호인정'에서부터 시작되어야 한다는 점을 강조하고, 북한을 '조선'으로 호명할 것을 제시한 바 있다. 박명림 연세대 교수 또한 "대한민국(한국)과 조선민주주의인민공화국(조선)으로 각자 존재하고 서로 대면하는 게 바른 길"이라고 역설한 바 있다. 연장선상에서 배기찬 전 민주평통 사무처장은 남북이 적대적 의존성에서 벗어나 '각자성'을 확보하고 남북관계를 국가와 국가 사이의 특수 관계로 규정해야 한다고 주장했다. 이를 위해 대한민국과 조선민주주의인민공화국이라는 국호 사용을 제안했다.

남북 신뢰에 기반한 대안 모색해야

지금까지 분석한 바와 같이 남북이 서로를 어떻게 호명해왔느냐는 그 시대의 남북관계를 반영한 결과라고 할 수 있다. 남북이 상호 신뢰를 돈독히 유지하고 있었을 때 호칭은 유화적으로 변했으며 그 반대의 경우 서로를 '괴뢰'라 칭했다. 안타깝게도 지금의 한반도는 후자의 상황에 가깝다. 지금과 같이 남북관계가 파탄에 이른 상황에서 남북은 서로를 평화공존과 통일의 대상으로 봐야 할지 의심하게 되고 그러한 인식이 서로에 대한 호칭 문제로 드러나고 있는 것이다.

서두에 언급한 바와 같이 북한의 김정은 위원장이 남한을 '대한민국'으로 호명한 것이 불쾌하다거나 위기감으로 느껴지는 이유는 그 호칭 자체의 문제가 아니라 북한이 남한을 적대적 대상으로 규정한 결과로 '대한민국'을 호명했기 때문이다. 대한민국이나 한국 뒤에 "괴뢰"나 "것들"이라는 표현을 덧붙이고 있는 것에서도 이를 알 수 있다. 또 윤석열 정부 안팎에서 "자유의 북진"이라는 표현을 즐겨 쓰는 것 역시 대북 적대성의 발현이다. 결국 남북관계는 상호 신뢰가 우선이다.

최근 남북관계가 악화일로를 걸으면서 우리 사회의 대북 인식이나 통일 인식도 그 어느 때보다 악화된 모습을 보이고 있다. 2023년 서울대 통일평화연구원이 발표한 통일의식조사에 따르면, 우리 국민의 43.8%가 '통일이 필요하다'고 답했다. 이는 2007년 이후 가장 낮은 수치이다. 또 '통일이 필요하지 않다'는 응답은 29.8%로 지금까지의 조사에서 가장 높게 나타났다. 남북관계의 악화가 상대에 대한 부정적 인식을 강화하고 악의적인 호명으로 이어진다. 또 서로에 대한 거친 호명이 다시 남북 상호 간 신뢰를 악화시키고 우리 사회 내부의 갈등을 부추기는 악순환으로 이어지고 있다.

한반도에서 남북의 상호 존중 없이 평화는 불가능하다. 그런 의미에서 우선은 작은 실천이 필요하다. 남북 당국이 진정으로 남북의 화해와 협력, 한반도 평화를 바란다면, 우선 상대를 존중하고 대화를 통해 문제를 해결하기 위해, 서로 적대하고 통일을 부정하는 언행을 멈춰야 한다. 우리 언론 또한 스스로 만들어낸 준칙을 지키기 위해 노력하는 모습을 보여야 할 것이다.

마지막으로 이러한 논의를 시민사회가 주도할 필요가 있다. 우리 시민사회는 2021년 보수와 진보 시민사회단체가 함께 참여한 사회적 대화를 통해 '통일국민협약'을 도출한 바 있다. 토론조차 불가능할 것만 같았던 과제였지만 대화와 토론을 통해 하나의 협약을 만들어낸 것이다. 이제 우리 시민사회가 남북관계를 재건하고 한반도 평화를 정착시키는 과정에서 남북 상호 간의 호칭에 관한 합리적인 토론을 주도하고 이를 사회규범으로 정착시켜나가는 노력을 시작할 때다.

위기의 한반도, 탈군사주의에서 대안을 찾자

서보혁
통일연구원 연구위원

6

군사주의에 대한 무감각은 군사주의의 복합성에
자양분을 제공하고 우리를 인권과 민주주의로부터 더욱
멀어지게 만든다. 그럴 때 군사주의는 더욱 날개를 달고
반대로 탈군사화의 길은 더욱 멀어진다.

* 이 글은 필자가 속한 기관의 입장과 무관함을 밝힙니다.

군사주의로 한반도를
보려는 생각

이 글에서 필자는 군사주의 개념을 이용해 한반도의 안보 현실을 살피고 그 극복 가능성을 가늠해보고자 한다. 필자는 2024년 들어 《군사주의: 폭력의 이데올로기와 작동방식》이라는 책을 펴냈다. 김엘리 교수는 이 책을 추천하면서 "참으로 많이 쓰는 말이지만 선명히 인지되거나 감각되지 않는 군사주의"라 하면서 출간 배경을 콕 찍어주었다. 사실상 군사주의는 우리들에게 익숙하면서도 모호한 말로 다가온다. 익숙한 것은 민주화 이후에도 군사문화가 민간에 널리 퍼져 있는 데서 잘 알 수 있다. 그럼에도 생경한 것은 군사주의의 본질이 무엇이고 실제 어디에서 어디까지가 군사주의인지 듣거나 토의한 적이 거의 없기 때문이다. 군사주의가 익숙하면서도 그것을 정확히 이해하지 못하는 한국 사회의 어제와 오늘이 바로 군사주의의 단면을 보여주는 것이 아닌가 생각해본다.

군사주의를 개념적으로 살펴보도록 하자. 군사주의는 군대식 사고방식과 행동 방식을 지지하고 또 그것이 민간 사회에 확산시키는 태도와 관행을 말한다. 군대식 사고 및 행동 방식이 군대에서 작동하는 것은 군사주의가 아니다. 학교와 체육계에서 상명하복의 관행이 지속되고 경우에 따라 체벌이 발생하는 것은 군사주의의 일면이라 할 수 있다. 군사주의가 실제 나타나는 현상, 군사주의에 입각해 전개하는 정책, 그 결과가 개인과 사회에 미치는 영향을 묶어 군사화militarization라 말한다. 군사주의를 정의하는 핵심은 바로 '군대식'이다. 모병제 국가나 전쟁 경험이 거의 없는 평화로운 국가, 갈등의 평화적 해결 관행이 쌓인 민주국가와 달리 징병제 국가나 전쟁 경험이 있거나 주변국과 군사적 대치를 지속하는 나라 그리고 권위주의 체제하에 있는 나라의 시민들이 군사주의를 더 잘 체감할 수 있다.

그렇다면 한국인들은 군사주의를 잘 이해하는가? 개인적 차원에서는 생활세계에 따라 다르지만, 사회적 차원에서는 군사주의를 경험하고 이해하는 데 어려움이 없을 것이다. 한국인들은 군대에 가(는 것을 당연시하)고, 민주화에도 불구하고 남북 간 군사적 대치로 자의 반 타의 반으로 사고와 행동이 자유롭지 못하다. '상명하복'이나 '총화단결' 등으로 상징되듯이, 군대식이란 집단주의와 위계주의를 본질로 한다. 개인의 의사와 지향은 억제당한다. 군대식이 적을 제압하고 아군이 승리하는 데 필수적이라고 생각하기 때문이다. 군사주의는 이분법적이고 갈등적인 세계관과 적대 및 차별의식을 그 특징으로 한다. 그래서 군사주의는 권위주의, 가부장제, 식민주의, 제국주의와 가깝고, 민주주의, 평화주의, 인권 의식, 다문화주의와 멀다.

군사주의는 개념의 추상성이 대단히 높지만, 그 형태는 매우 다양하다. 대내적/대외적 군사주의, 강한/약한 군사주의, 명백한/향수병의 군사주의, 자본주의적/사회주의적 군사주의, 스펙터클한 군사주의 등등. 본 글의 논의 초점을 감안해 필자는 군사주의의 유형을 하나 더 제안하고자 한다. 그것은 바로 수용 가능한/수용 불가능한 군사주의다. 월드컵 축구 경기는 군사주의적 성격이 가미되어 있는데, 그것은 스펙터클한 군사주의이기도 하고 수용 가능한 군사주의로 볼 수 있다. 그런데 국가 간이든, 한 사회 내 집단 간이든 갈등을 폭력적으로 해결하려는 움직임은 수용 불가능한 군사주의에 해당한다. 이 논의에서 초점을 두고 있는 것은 바로 수용 불가능한 군사주의다.

군사주의는 국가, 시대, 이념, 문화에 따라 양상이 다르게 나타나지만, 21세기 들어서 그 영역과 차원의 경계가 흐려지고 상호침투하며 복합적으로 전개되는 특징을 보여준다. 가령 저발전 및 권위주의 국가에서 군사주의는 내전을 촉진하고, 거기에 기후 위기가 겹쳐 해당 국가의 민중들은 더욱 열악한 삶에 빠진다. 이런 막중한 현실은 한편으로 냉전 해체, 경제의 세계화, 교통·정보통신 기술의 발달을, 다른 한편으로 군사주의를 통해 정치·경제적 이익을 추구하는 세력의 초국적 활동의 증대를 배경으로 한다. 강대국 간의 우주개발 경쟁이나 무기용 AI 드론 개발 경쟁 뒤에는 기존의 군비경쟁이나 시장경쟁을 넘어선 군산복합체의 이익이 추진력으로 작용하고 있다. 이런 군사주의의 복합적 동향은 그 행위자, 영역, 차원을 망라해 나타나고 있다. 군사주의는 정치, 경제, 사회, 문화, 과학기술, 문화예술, 젠더, 인도주의 등 인간 삶의 모든 영역에서 나타난다. 또 개인, 사회, 국가, 세계, 생태계 등의 차원에서 전개된다.

  군사주의의 복합성을 감안할 때 한반도에서도 군사주의는 간단치 않다. 남북한 사회가 분단 상황 아래 이질적 체제로 전개되어왔기 때문에 각각의 사회에서 군사주의를 별도로 다룰 수 있을 것이다. 그럼에도 '한반도 군사주의' 하면 분단과 정전 체제, 그를 둘러싼 동북아 국제정치가 연상된다. 아래에서는 본 논의의 주제를 고려해 군사주의의 영역은 군사와 사회, 군사주의의 차원은 남북한 정부와 시민사회 그리고 한반도 관련 국제관계를 주로 다루고 있다. 이 정도의 논의로는 한반도의 군사주의를 모두 다룰 수 없지만, 그래도 그 윤곽을 파악하는 데는 부족하지 않을 것이라 생각한다. 남북한이 상대를 서로 어떻게 인식하고 어떤 안보 정책을 전개하고 있는지 그리고 그 둘이 주변 강대국들과 맺고 있는 외교·안보 관계가 서로 어우러져 한반도 군사주의를 이해하는 열쇠가 된다. 이런 논의를 한 후, 말미에 한반도 탈군사화의 길이 무엇인지, 그것이 통일 문제와 어떤 연관이 있는지를 토의해보고자 한다.

남북한 주민들의 상호 인식

국내에서 국민들의 통일의식을 매년 여론조사 방식으로 파악하는 대표적인 연구기관으로 통일연구원과 서울대 통일평화연구원을 꼽을 수 있다. 이런 여론조사를 통해 남북한 상호 인식의 일단을 알 수 있다.

2024년 통일연구원의 조사 결과[17] 2014년 조사 이후 북한을 경계 및 적대 대상으로 보는 시각이 지원 및 협력 대상으로 보는 시각보다 우세한 경향이 지속됨을 알 수 있다. 북한에 대한 부정적 인식(적대 및 경계 대상)은 서울대 통일평화연구원의 통일의식 조사에서도 마찬가지였다. 특히 2023년 조사에서는 부정적 인식이 42.6%로 나타났는데 이는 이 연구원의 통일의식조사가 실시된 2007년 이래 최고치이다. 통일연구원 조사에서도 북한이 적화통일을 원하고 있다고 생각하는 비율은 49.7%로 2018년 이후 최고치로 나타났다. 2022년 북한의 군사 도발이 전례가 없는 수준으로 진행됐고, 2023년 역시 북한의 도발이 지속된 것이 영향을 미친 것으로 연구원 측은 평가하고 있다.

또 응답자의 모든 연령대, 모든 이념층에서 경제제재가 북한의 비핵화를 이끌지 못할 것이라는 시각이 우세하게 나타났다. 북한의 핵무기 개발이 외교적 협상용이냐 실제 군사용이냐를 둘러싸고 학계는 물론 국민들 사이에서 합의된 시각은 없지만, 김정은 정권에 들어 집요하고 계속된 핵 능력 고도화 조치로 한국의 안보 상황이 악화되고 있다는 공감대가 높아졌다. 통일연구원의 여론조사에서 북한이 핵무기를 외교적 수단으로만 활용하고 남한을 실제로 공격하지 않을 것이라는 명제에 긍정하는 응답이 2017년 최고치(54.9%)를 기록한 이후 하락세가 뚜렷해졌다. 한국인들의 대북 인식이 부정적인 것은 놀랄 일은 아니지만, 북한 정권의 3대 세습, 계속되는 핵 개발과 인권 침해 그리고 남북대화 중단과 대남 도발 등으로 근래 들어 매우 높게 나타나고 있다.

그러면 북한 주민들은 남한을 어떻게 인식할까? 서울대 통일평화연구원은 북한 주민들의 통일의식을 탈북민 여론조사를 통해 파악해왔는데, 2022년에 김정은 집권 10년 사이 추세를 발표[18]했다. 연구원은 탈북민에게 "귀하는 북한에 살고 계실 때 남한이 북한에게 어떤 대상이라고 생각하고 있었습니까?"라고 질문했다. 10년의 추세를 보면 대다수 주민은 남한을 협력 대상으로 바라보고 있는 것으로 나타났다. 이 결과는 다소 의외인데, 최근 수년 사이 한반도 동향을 반영하지 않은 한계가 있다는 점을 감안해야 할 것이다. 서울대 연구원 측은 북한 주민들의 대남 인식에 집단별 차이가 있음을 발견해냈다. 연구진은 로지스틱 회귀분석Logistic Regression을 이용해 북한 주민들의 대남 인식을 응답 집단별로 구분해냈다. 장마당 세대가 아닐수록, 즉 85년생 이전 출생일수록 남한을 더욱 협력 대상으로 바라보는 것으로 나타났다. 반면에 교육 수준이 낮을수록, 장사 경험이 있을수록, 노동당 당원일수록 그리고 북한에서의 공식 소득이 높았을수록 남한을 적대적으로 바라볼 확률이 높은 것으로 평가했다.

　위 조사 결과를 잠정적으로 종합해보면, 우선 남북의 상호 인식은 긍정적이고 부정적인 양면이 공존한다. 이는 남북이 불신과 적대의 관계인 동시에 동포로서 통일을 지향하는 특수한 관계가 교차하기 때문이다. 둘째는 해당 시기 남북관계와 한반도 정세에 따라 상호인식이 유동적임을 알 수 있다. 위 조사에서 남북한의 상호 인식이 다름을 알 수 있는데, 이는 조사 시기가 긴장이 높아진 최근과 그 이전 남북대화와 교류가 있던 시기로 서로 다르기 때문이다. 2020년대 들어 김정은 정권이 남북대화를 중단하고 통일을 부정하고 남북을 "적대적 교전국가"로 선언했다. 여기에 남북은 물론 동북아 지역에서 갈등적 국제정치가 지속된다면 남북한 주민들의 상호인식은 점점 악화될 것이다. 이런 주민들 사이의 정서적 군사주의는 정부 차원의 정책적·제도적 군사주의를 정당화하고 나아가 강화시킬 수 있다. 그러면 남북한 정부 차원의 상호 인식을 살펴보자.

남북한 정권의 상호 인식

윤석열 정부가 들어선 때는 2022년 5월이었다. 윤석열 정부의 대북정책은 북한의 선 비핵화 조치, 곧 북한 정권의 '한반도 비핵화' 공약 재천명을 전제로 하고 있었지만, 소위 '담대한 구상'으로 단계적인 남북관계 발전 방안을 제시했다. 그러나 2019년 2월 하노이 북미정상회담에서 핵 협상이 결렬되면서 남북관계는 급속히 경색됐고, 북미관계도 2019년 말에 냉각되어버렸다. '담대한 구상'이 이륙할 계기는 이미 실종됐고 북한의 핵 능력 고도화 조치가 중단 없이 진행됐다. 미·중 패권 경쟁 구도하에서 남북한도 대립을 벗어나지 못했다. 남북한 정권의 상호 인식은 최고지도자의 신념과 함께 상호 적대의식과 한반도를 드리운 국제정치적 제약의 영향을 받은 결과라 할 수 있다.

윤석열 정부의 대북관은 이른바 '보편 가치의 구현' 위에 서 있다. 가령 2024년 제105주년 3·1절 기념사에서 윤 대통령은 "북한 정권은 오로지 핵과 미사일에 의존하며 2,600만 북한 주민들을 도탄과 절망의 늪에 가두고 있다"며 "북한 정권의 폭정과 인권유린은 인류 보편의 가치를 부정하는 것"이라고 언급했다. 그에 따라 대통령은 "정부는 북한 주민들을 향한 도움의 손길을 거두지 않을 것이며, 북한 인권 개선을 위한 노력도 멈추지 않을 것"이라고 말했다. 안보 문제에 있어서 윤석열 대통령의 인식은 더 확고해 보인다. 이른바 '힘에 의한 평화'론이다. 윤 대통령은 기회가 있을 때마다 북한의 핵 능력 고도화 조치와 도발을 언급하며 힘에 의해서만 평화를 얻을 수 있다고 주장한다. 2023년 8월 10일, 유엔군사령부 주요 직위자 초청 간담회 모두발언에서 윤 대통령은 "우리는 북한이 스스로 핵을 포기하도록 압도적이고 강력한 힘에 의한 평화를 구현해야 한다"며, "상대방의 선의에 기대는 가짜 평화가 아닌, 강력한 힘만이 진정한 평화를 보장할 수 있다"라고 강조했다. 윤 대통령의 '힘에 의한 평화'론은 엄중한 남북 대치 상황과 북한의 지속적인 핵 능력 고도화 움직임하에서 안보의 중요성을 강조한 것으로 해석할 수 있다. 다만 평화라는 목적을 힘이라는 특정 수단에 의해서만 달성

가능하다고 해 대화와 협상 등 다른 수단에 의해 평화를 추구하는 시각을 배제한다는 지적을 살 수 있다.

북한 김정은의 발언은 남한 최고지도자의 그것보다 더 높은 수준, 더 원색적인 방법으로 적대의식을 표명하고 있다. 김정은은 2023년 12월 말 열린 노동당 중앙위원회 전원회의에서 남북관계를 "더 이상 동족 관계, 동질 관계가 아닌 적대적인 두 국가 관계, 전쟁 중에 있는 두 교전국 관계"로 규정했다. 이제는 남한이 아니라 '대한민국'이 미국과 함께 북한의 주적이라고 공식화한 것이다. 김정은의 이런 판단에 따라 북한 정권은 남한과의 대화 중단은 물론 그간 남북대화 기구 및 통일 관련 법 제도를 폐지하는 수순에 들어갔다. 그러면서 북한은 "남반부의 전 영토를 평정하려는 우리 군대의 강력한 군사행동"을 준비해나가기로 했다. 김정은 정권은 2018~19년 일련의 평화협상에서 결국 아무것도 얻지 못한 채 제재를 계속 받자, 그동안 추구해온 남한을 통한 대미 안전 보장의 길을 포기해버렸다. 2019년 2월, 하노이 정상회담 결렬 이후 김정은 정권은 일련의 평화협상과 그간의 남북대화를 평가한 후 2022년 말 노동당 중앙위원회 전원회의에서 남한을 "명백한 적"으로 규정하고 그 대신 중국, 러시아와의 관계 발전을 도모해나갔다.

이러한 김정은 정권의 대남 적대의식은 그의 집권 10여 년간의 남북관계와 국제정세에 대한 평가에 기반해 확립한 고립주의적 생존전략의 하위 개념으로 볼 수 있다. 그러므로 북한 정권이 군사주의에 기반한 안보 우선의 발전 전략을 고수하는 것은 필연에 가깝다. 물론 거기에는 한미일 3국 사이에 발전해가는 대북 억지 태세가 위협 요소로 작용하고 있다. 다음으로는 한반도에서 전개되는 군비경쟁을 남북한 정권이 어떻게 인식하고 있는지 살펴보자.

군비경쟁과 상호 위협 인식

전 세계의 군비 지출과 군비경쟁을 모니터링하는 스톡홀름국제평화연구소SIPRI는 연감을 발간한다. 2024년 발간한 연감의 요약본을 보면 아시아대양주가 전 세계 무기 수입 중 37%로 가장 많은 비중을 차지하는 지역으로 나와 있다. 한국, 중국, 일본 등이 있는 지역이고, 여기에 미국이 이 지역에 관여하고 있는 사실을 감안하면 동북아시아는 전 세계에서 군사비로 보나 분쟁 이슈들로 보나 가장 위험한 지역이라 할 수 있다.

스톡홀름국제평화연구소는 위 보고서에서 남북한의 군비 증강에 대해서도 언급하고 있다. 한국은 전 세계 10대 무기 교역국 중 수출 10위(2.0%), 수입 9위(3.1%)에 올랐다. 한국 국방부는

《국방백서 2022》에서 무기 수출 증가에 관해 품목 다변화, 세계적 수준의 기술력, 우수한 성능 그리고 가격 경쟁력 우위 등을 요인으로 꼽고 있다. 윤석열 정부 들어 방위산업은 새로운 수출효자 업종으로 부상했다. 정부는 세계 4대 방산 수출국으로 도약하도록 전력을 기울인다는 방침이다. 한편 북한은 핵무기 50기를 보유하고 사이버 스파이 기술 개발과 활동이 높다고 평가받고 있다. 위 연감은 또 북한이 유엔과 유럽연합EU으로부터 제재를 받고 있지만, 러시아에 무기를 제공한 의혹을 받고 있어 제재의 효과성에 의문이 간다고 보고 있다. 이 객관적 자료를 보면 남·북한의 군사력이 재래식 무기와 비재래식 무기로 상호 비대칭적으로 발달해 있음을 알 수 있다. 그러나 아래를 보면 반드시 그렇지만도 않은 것 같다.

남북한 정부가 상대의 군사력과 안보 정책을 어떻게 인식하고 있는지도 살펴보자. 먼저 한국 정부는 북한이 "국방에서의 자위" 원칙, 4대 군사 노선 위에 "정치사상 강군화, 도덕 강군화, 전법 강군화, 다병종 강군화의 4대 전략적 노선"에 기반해 군사력을 확충해오고 있다고 평가한다. 《국방백서 2022》를 통해 국방부는 북한군이 기습공격, 배합전, 속전속결을 중심으로 하는 군사전략과 핵 무력 전략에 기초하여 다양한 전략·전술, 핵·WMD(Weapons of Mass Destruction), 미사일, 장사정포, 잠수함, 특수전 부대, 사이버·전자전 부대 등 비대칭 전력 증강,

6,800여 명의 사이버 전력 등 다각적인 운영 실태를 경고하고 있다. 특히 북한이 지속적인 핵미사일 개발로 선제 핵 공격 능력을 갖추었다고 평가한다. 국방부는 위 백서에서 북한이 2022년 9월 최고인민회의에서 핵무기 사용 조건을 구체화한 '핵 무력 정책' 관련 법령을 채택하면서 핵 사용 위협을 증대하고 있다고 평가하고 있다.

북한은 공산당 일당 지배체제라는 사회주의국가의 특징 위에 '수령'이 '유일영도'하는 특이한 체제다. 그렇기 때문에 안보정책, 특히 신형 전략무기 개발에 수령이 적극 개입한다고 추정하는 것이 합리적이다. 실제 2024년 들어서 〈연합뉴스〉 등 국내외 언론 보도를 보면 김정은은 주요 무기 개발시험에 참관하거나 시찰하면서 직접 지도에 나서고 있다. 김정은은 5월 말 이동식 발사대 18개에서 동시에 실시된 600mm 초대형 방사포 '위력시위사격'을 직접 지도한 것으로 알려졌다. 이 방사포의 사거리는 400km로 서울은 물론 계룡대, 수원, 원주 등 주요 군사기지를 핵무기를 탑재해 공격할 수 있는 것으로 평가된다. 이 자리에서 김정은은 "우리의 핵 무력은 전쟁 억제와 전쟁 주도권 쟁취의 중대한 사명을 임의의 시각, 불의의 정황하에서도 신속 정확히 수행할 수 있게 더욱 철저히 준비돼야 한다"고 말하기도 했다. 그에 앞서 김정은은 대륙간탄도미사일ICBM 화성-18형 발사차량을 생산하는 국방공업기업소 방문, 초대형 방사포를 동원한 핵 반격 가상종합 전술훈련 지도 등을 실시하면서 핵미사일 능력 확충에 직접 관여하고 있다. 당시 그는 "우리의 핵 무력을 보다 급속히 강화하기 위한 중요 활동들과 생산활동을 멈춤 없이, 주저 없이 계속 가속화해나가야 한다"고 말했다.

김정은 정권의 핵미사일 개발과 핵 정책 법제화 그리고 김정은의 직접 지도는 미중 패권 경쟁, 한국의 군사력 증대, 한미일 대북 연합 억지력 확충 등을 배경으로 안보 정책의 비중 증대를 반영한 것이다. 북한이 한국을 주적으로 규정한 것은 한국이 미국과 대북 연합 억지력을 구성하면서도 한국 스스로 대북 억지 정책을 전개할 의지와 능력이 높아졌음에 주목하기 때문이다.

실제로 한국 국방부가 발간한 《국방백서 2022》에서는 '전방위 국방 태세 확립, 대응 역량 확충'을 목표로 제시하면서 확고한 군사 대비 태세 유지, 한국형 3축 체계 능력 확보, 포괄적 안보 위협 대응 능력 강화 등 6개 방침을 소개하고 있다. 그중 핵심이라 할 '한국형 3축 체계 능력 확보'에 관해 북한의 핵·미사일 위협에 집중 대응하고 우리 군의 공격, 방어, 응징보복 능력과 태세를 획기적으로 강화하고 확충해나가는 방책으로 설명하고 있다. '한국형 3축 체계'는 '킬체인Kill Chain' '한국형미사일방어KAMD' '대량응징보복KMPR'으로 구성된다. 이어 국방부는 한국군이 북한의 국지도발 및 전면전 감행에 대응할 수 있는 연합방위 태세, 감시 및 조기경보 태세와 위기관리 체계를 발전시키고 있다고 말하고 있다. 특히 북한의 전면전에 대비해 한미 공동의 작전계획 수립, 연합연습 및 훈련 강화 등으로 전시 작전 수행 능력을 향상시키고 있다고 밝히고 있다. 그럼 한국의 대북 억지 전력 향상에 대한 북한의 인식은 어떠한가?

북한은 '한국형 3축 체계'와 같은 한국 단독의 대북 억지력 향상 노력보다는 미국, 혹은 미국 주도의 한미(일) 연합 대북 억지력 향상 움직임에 더 촉각을 세우는 모습이다. 예를 들어 북한 관영 〈조선중앙통신〉은 2024년 들어 "(5월) 29일 일본에서 발진한 미 공군 정찰기 RC-135U가 또다시 우리의 남쪽 국경 가까이에서 반공화국 공중 정탐 행위에 광분했다"고 비난했다. 또 전략정찰기 U-2S, 무인정찰기 RQ-4B 등이 "거의 24시간 우리에 대한 감시, 정탐 활동을 일상화"하고 있다고 언급했다. 이 통신은 이어 "하반기 미국과 한국 괴뢰들이 계획하고 실행하게 될 전쟁 연습들은 더욱 방대하며 그 성격이 지극히 도발적이고 무모하다"며 8월에 진행될 한미연합훈련(일명 을지프리덤실드UFS)을 거론했다. 북한은 이 훈련을 "공화국에 대한 핵 공격을 기정사실화한 핵 작전 연습이 계획돼 있으며 우리의 핵심 시설과 지역을 선제타격하기 위한 '작전계획 2022'도 전면검토, 완성하게 된다고 한다"고 주장했다. 김정은의 최측근인 김여정 노동당 부부장의 다음 발언도 북한의 한국, 미국에 대한 적대의식과 위협 인식을 잘 보여준다. 그는 4월 24일 〈조선중앙통신〉으로 발표한 담화에서 "올해에 들어와 지금까지 미국이 하수인들과 함께 벌린 군사 연습은 80여 차례, 한국 괴뢰들이 단독으로 감행한 훈련이 60여 차례나 된다"면서 한국과 미국이 "지역 정세 악화의 주범들"이라고 주장했다.

남북한의 상호 적대의식과 상대를 겨냥한 군사훈련은 안보 딜레마를 여실히 증명하고 있다. 북한은 한미연합 군사훈련을 핵실험이나 탄도미사일 발사시험의 명분으로 삼고 있고, 한국은 북한의 핵무기 개발을 자체 무기 개발의 명분으로 삼고 있다. 남북대화가 중단되었고, 북한의 핵 능력 고도화 조치가 전개되는 상황에서 한국 내에 자체 핵무기 보유 여론이 높아지는 것도 안보 딜레마를 반영하는 현상이다. 북한 관영언론은 2024년 4월 하순 김정은의 지도하에 초대형 방사포를 동원한 핵 반격 가상종합전술훈련을 실시했다고 밝혔다. 북한은 이 훈련이 한미가 진행 중인 연합편대군종합훈련KFT과 연합공중침투훈련 때문이라고 말했다. 북한 관영언론은 이들 훈련이 "우리 공화국을 힘으로 압살하려는 적대 세력들의 끊임없는 군사적 도발"이라고 주장하고 나섰다.

북한은 한미일 삼각안보협력을 냉전 시기부터 우려해왔으나 그것이 현실화된 것은 최근이다. 이와 관련해 한미일은 2024년 6월 27~29일 제주 남방 공해상에서 첫 다영역 연합훈련인 '프리덤 에지'를 실시했다. 이 훈련은 2023년 8월 미국 캠프데이비드에서 열린 한미일 3국 정상회의에서 합의하고, 2024년 6월 초 한미일 국방장관의 싱가포르 샹그릴라 대화에서 계획, 합의한 것에 따른 것이다. 이 훈련 이름은 한미연합훈련 '프리덤 실드'와 미일 연합훈련인 '킨 에지'의 명칭을 합성한 것으로, 이는 훈련의 정례화 합의와 함께 한미일 군사협력의 제도화를 잘 보여준다. 프리덤 에지는 전투기, 초계기, 구축함, 헬기 등을 동원해 해상 미사일 방어, 대잠수함전, 방공전, 수색 구조, 해양 차단, 사이버 방어 등을 훈련했다. 그러나 이번 3국 간 첫 다영역 훈련은 그 내용보다도 3국 군사력의 상호운용성과 대북, 나아가 잠재적으로는 대중 연합 억지력을 높여갈 발판을 놓았다는 데 더 큰 의의가 있다.

적어도 냉전 해체 이후 북한이 중국 혹은 러시아와 벌이는 군사협력이 두드러지지는 않았다. 북중러 군사협력은 아직까지 나타나지 않고 있다. 프리덤 에지가 북한, 중국, 러시아에 어떤 영향을 미칠지는 미지수이지만, 북중러 3국의 군사협력을 자극할 개연성이 높아질 것이다. 예상대로 북한은 프리덤 에지를 "아시아판 나토" "한미일 3각 군사 블럭의 조직화·체계화·실물화의 산물"이라고 비난하고 나섰다. 북한 외무성 대외정책실은 6월 30일 "조선민주주의인민공화국을 비롯한 지역 내 자주적인 국가들을 겨냥해 무분별하고 도발적인 군사적 시위 행위를 거듭 감행하고 있는 데 대해 강력히 규탄한다"고 밝혔다. 북한은 그 배경으로 미국의 중국과 러시아를 포위, 압박하려는 전략적 의도가 있다고 말하고, "공세적이고 압도적인 대응조치로 국가의 주권과 안전이익, 지역의 평화를 철저히 수호해나갈 것"이라고 주장했다.

앞서 안보 딜레마가 남북 간 군비증강을 잘 설명해준다고 했는데, 앞으로는 한미일 대 북중러와 같이 안보 딜레마가 상호 적대인식과 결합해 역내 진영 간 군비증강의 논리가 될 수도 있다. 현재 북중러 3국 간에는 프리덤 에지 같은 연합 군사훈련이 없다. 다만 중러, 북러, 북중 간에는 군 인사 교류, 무기 제공, 외교적 공동 보조 등 양자 간에 협력을 전개하고 있다. 그러나 프리덤 에지의 훈련 성격과 방향 그리고 정례적 실시 전망 등을 고려할 때 북중러 공동 대응의 가능성도 배제할 수 없다.

2024년은 한미일 3국 간 군사협력은 물론 북중러 간 협력의 측면에서도 두드러지는데, 미국을 겨냥한 3국의 공동 적대인식이 눈에 띈다. 5월 16일 베이징에서 시진핑 중국 국가주석과 블라디미르 푸틴 러시아 대통령이 정상회담을 가졌다. 이 회담은 2022년 2월 러시아의 우크라이나 침공 이후 네 번째 정상회담이었다. 두 정상은 공동성명에서 "양국은 미국 및 그 동맹국의 군사 영역에서의 위협 행동과 북한과의 대결 및 유발 가능성 있는 무장 충돌 도발로 한반도 형세의 긴장을 격화하는 것에 반대한다"고 말했다. 대신 북핵 문제는 언급되지 않았다. 이는 앞선

중러 정상회담에서 외교적 방식의 비핵화를 거론한 것에서 후퇴한 것으로서, 북중러 연대가 가시화되고 있음을 말해준다. 공동성명은 또 "양국은 연합훈련 활동 규모를 확대해 해상·공중 합동순찰을 정기적으로 조직하며, 양자 및 다자 틀 안에서의 협력을 강화해 위험과 도전에 공동 대응하는 능력과 수준을 부단히 높인다"는 내용도 담았다.

중러 정상회담 한 달 후에는 평양에서 김정은과 푸틴이 정상회담을 갖고 '포괄적 전략동반자 조약'을 체결했다. 6월 19일 두 정상이 서명한 이 조약은 북러 간 협력의 범위 확대는 물론 군사동맹의 성격을 담고 있어 주목을 받았다. 냉전기 조소우호협력조약상의 유사시 자동개입 조항을 상기시킬 정도의 군사협력이 담겼기 때문이다. 이 협정에는 "쌍방 중 어느 일방이… 무력침공을 받아 전쟁 상태에 처하게 되는 경우 타방은… 지체 없이 자기가 보유하고 있는 모든 수단으로 군사적 및 기타 원조를 제공한다"(제4조)는 내용이 포함되어 있다. 러시아 언론은 푸틴이 협정 서명 직후 이 조항을 직접 설명했다고 보도했다. 전쟁 중인 러시아가 이 조항에 더 큰 이해관계가 있다는 것으로 해석할 수 있고, 그 반대급부로 푸틴은 북한에 대한 군사협력을 비롯한 폭넓은 지원과 협력 의사를 밝혔다.

이 북러 협정에 중국이 불편해한다는 분석이 중국 안팎에서 나왔다. 북러 군사협력이 한미일과 대립해 역내 불안을 조성하면 중국의 안정적인 국익 증대 노력을 방해할 수 있다는 예상이 가능하다. 중국은 현재 미국 주도의 일극체제를 반대하고 다극화 질서를 주창하면서 중국의 도약을 추구하고 있다. 그래서 '패권화' '진영화'에 반대한다고 하지만 동북아에서 한미일 군사협력이 본격화되는 조짐을 보이는 상황에서 그런 주장만 하고 있을 수는 없을 것이다. 중국은 프리덤 에지와 같이 보다 높은 수준의 역내 군사협력을 할 명분을 기다려온 것인지도 모른다.

탈군사화를 위한 함의

한반도는 장기 분단 상황에 놓여 있는데 거기서 남북한 주민들은 동포와 적이라는 모순된 정체성을 갖고 살아간다. 그런데 2018~19년 짧은 평화 프로세스가 실패한 이후 적대와 대결의 파고가 높아지고 있다. 남북한 주민들의 상호 인식은 정권이 만들어낸 한반도 정세에 영향을 받을 수밖에 없다. 다시 주민들의 상호 인식은 남북관계에 영향을 미치는데, 최근 상황은 적대적 성격이 우세하다. 여기에 미중 패권 경쟁과 지정학의 영향을 받아 한반도 주변 국제정세도 군사주의를 강화시키고 있다. 정부와 시민, 남북한과 주변 강대국들 모두 갈등적 세계

관, 상대방에 대한 적대의식, 힘에 의한 문제해결 선호 등이 군사주의를 드러내고 있다. 마음과 태도, 시각과 인식, 법·제도와 정책 등 모든 영역에서 그리고 개인, 사회, 국가, 국제관계 등의 차원에서 군사주의가 위세를 떨치고 있다. 이상과 같은 한반도 안팎의 정세만으로 볼 때 군사주의의 파고는 지속될 것이다. 적대와 대립이 고조되고 그 위세에 눌려 인권과 민주주의가 억압받고 충돌의 위험마저 존재한다.

앞에서 살펴본 바를 요약하면 그것은 바로 군사주의의 복합성과 역동성이다. 이는 탈군사화의 길도 복합적이고 역동적임을 암시한다. 다만 모든 행위자와 영역 그리고 차원에서 동시에 진행해야만 탈군사화가 가능하다는 뜻은 아니다. 군사주의는 그 다양한 형태에도 불구하고 본질은 동일하다. 비평화적 문제해결과 그를 위한 제반 방법을 지지하고 확산시키는 집단의 존재다. 노예제 폐지, 국제분쟁의 평화적 전환, 권위주의의 민주적 전환과 문민통제 등과 같은 역사적 변화는 단번의 전환으로 이루어지지 않았다. 탈군사화도 가능한 데서부터 시작해 중단 없이 전개할 때 실현 가능성을 기대할 수 있을 것이다. 평화적 문제해결과 그를 위한 제반 방법을 지지하는 집단을 형성하고 확대시키는 것이 탈군사화의 본질이고 그 출발점이다.

모순된 요소들로 구성된 남북관계를 특정 요소로만 규정하지는 않았는지, 대북정책 목표 역시 선택주의적인 태도로 판단하지 않았는지, 그 사이 북을 적대시하고 사회 내 타 집단을 배제하지 않았는지 성찰할 일이다. 군사주의에 대한 무감각은 군사주의의 복합성에 자양분을 제공하고 우리를 인권과 민주주의로부터 더욱 멀어지게 만든다. 그럴 때 군사주의는 더욱 날개를 달고 반대로 탈군사화의 길은 더욱 멀어진다. 이제는 성찰하는 주체의식을 전제로 탈군사화의 길을 어디서, 어떻게 시작할 것인가를 함께 생각해보아야 할 때이다.

양안관계와 한반도, 휘말림에 대하여

장영희
충남대 평화안보연구소 교수

지정학적 차원에서 중국이 대만해협을 장악하게 되면 남중국해 분쟁에서 우위를 점하게 될 뿐만 아니라 한국과 일본으로 이어지는 자원과 에너지 수송로를 제약할 수 있게 된다. 일본의 전략가들은 이를 통해 중국이 주일미군과 주한미군의 퇴출을 요구할 수도 있다고 평가한다.

대만해협은 어떤 공간인가?

대만해협은 강대국들의 힘이 첨예하게 부딪치는 지정학적 단층선 위에 놓인 공간이다. 그동안 냉전의 종식과 함께 새로운 국제질서가 형성되면서 해양 세력과 대륙 세력은 이 지정학적 단층 지대에서 불안하면서도 절묘한 균형을 이루어왔다. 그런데 중국의 힘이 부상하고 미국과 중국이 협력보다는 경쟁과 대립의 길로 접어들면서 대만해협은 충돌의 가능성이 높은 '세계에서 가장 위험한 곳'이 됐다.

미국이 중국에 비해 압도적 힘의 우위를 점하고 미중관계가 협력적이었을 때는 대만해협의 지정학적 위기가 비교적 잘 관리됐다. 그런데 2010년 전후로 중국의 국력이 눈에 띄게 강대해지고 미국의 위협 인식이 높아지면서 두 세력의 이익이 겹치는 대만해협에서의 충돌 가능성이 커졌다. 미국외교협회CFR는 매년 500여 명의 안보 전문가들에게 자문을 받아 '예방 우선순위 조사' 보고서를 발표하는데, 2024년 1월에 발표한 보고서에서 올해 동아시아 지역에서 무력 충돌의 발생 가능성과 영향성이 높은 '상위 그룹Tier 1'에 대만해협과 한반도를 포함시켰다.

대만해협을 둘러싸고 중국과 미국이 충돌할 수 있다는 평가는 2019년부터 유지되어 왔는데, 그전까지만 해도 대만해협에서의 충돌 가능성에 대한 우려가 그리 높지 않았다. 대만해협의 평화와 안정을 지탱하는 힘은 양안관계에 달려 있겠지만, 더 근본적으로는 미중관계에 달려 있다. 양안관계에 위기가 발생했을 때 미중관계가 안전핀 역할을 할 수 있기 때문이다. 반면에 양안관계의 황금기라고 할 수 있는 마잉주 정부 시기(2008~2016년)에는 미중관계에 긴장이 조성되기 시작했지만 양안관계가 평화와 안정을 견인했다. 그런데 현재는 양안관계와 미중관계에 동시적으로 긴장이 발생하면서 긴장 완화의 실마리를 찾기 어려운 국면에 처해 있다.

대만의 지정학적 함의와
미·중 전략 경쟁

대만은 1894년 청일전쟁의 결과로 일본에 할양되어 50년간 일본의 식민지로 전락했는데, 1945년 일본의 패망과 함께 당시 '중국'을 대표하던 중화민국에 반환됐다. 1949년 국공내전에서 중화민국의 국민당 정부가 중국공산당에 패한 후 중국 대륙에서 쫓겨나 타이베이로 수도를 이전하면서 대만은 중화민국의 실효 통치 지역이 됐고, 1949년 10월 1일 중화인민공화국을 설립한 중국공산당은 중화민국에 대한 권리 일체를 주장해왔다.

이후 중국공산당은 대만과의 통일을 잃어버린 영토를 되찾는 역사적 사명의 완수이자 주권의 완성으로 규정하고 있다. 또한 내전과 제국주의 세력의 개입으로 인한 대만에 대한 통치권 상실을 회복하는 것을 혁명의 완수이자 백년국치의 종결로 인식하고 있다. 따라서 대만과의 통일 노력은 중국공산당의 정치적 정당성을 강화하는 중요한 수단이 된다. 국가 주권과 영토의 완전성을 회복할 수 있는 능력을 보여줌으로써 중국공산당만이 굴욕의 세기를 끝내고 중화민족의 위상을 높일 수 있다는 것은 체제 정당성 확보를 위해 매우 중요한 '통치 서사'이다. 그런데 중국에게 있어서 대만의 전략적 가치는 통치 서사의 차원뿐 아니라 군사전략적 차원에서도 매우 중요하다. 대만해협에 대한 통제권은 남중국해로 통하는 주요 해로에 대한 영향력을 확대하고 중국의 안보 태세를 강화할 수 있는 기회 요인이기 때문이다.

요컨대 중국의 입장에서 대만과의 통일은 민족주의적 열망을 이루기 위한 중요한 목표이자 중국공산당의 통치 정당성을 확보하기 위한 핵심 수단이다. 전략적 차원에서는 미국과의 경쟁에서 중국의 입지를 강화하고 지정학적·지경학적 우위를 점하기 위해 필수적인 과제다. 이에 반해 미국과 서구의 전략가들은 중국과 대만의 통일이 이 지역의 전략적 균형을 바꾸고 매우 중대한 지정학적 변화를 초래할 수 있다고 우려한다.

역사학자 니얼 퍼거슨은 "대만을 얻는 자가 천하를 얻는다"는 주장을 제기한 바 있다. 미·중 패권 경쟁에서 대만이 가장 중요한 갈등 지점이자 패권의 향배를 결정지을 곳이라고 진단한 것이다. 그는 미국이 대만을 포기하고 물러날 경우 인도-태평양 지역에서 미국의 패권은 끝나게 될 것이라 전망한다. 지정학적 차원에서 중국이 대만해협을 장악하게 되면 남중국해 분쟁에서 우위를 점하게 될 뿐만 아니라 한국과 일본으로 이어지는 자원과 에너지 수송로를 제약할 수 있게 된다. 일본의 전략가들은 이를 통해 중국이 주일미군과 주한미군의 퇴출을 요구할 수도 있다고 평가한다. 지경학적 차원에서 미국은 현재 반도체 공급망의 통제를 중국의 '기술 굴기'를 억제할 수 있는 핵심 수단으로 삼고 있다. 글로벌 기술 공급망 재편을 통해 중국을 견제하려는 미국의 전략에서 대만의 반도체 산업은 관건적 위치에 있다. 또 체제 경쟁의 차원에서 가치와 규범은 미국이 중국을 압박할 수 있는 매우 중요한 수단이다. 미국의 의회와 여론은 대만 사회가 이뤄온 민주주의와 인권의 발전을 매우 중시하고 지지한다. 이에 따라 미국의 동맹과 파트너 국가들에게 미국이 이러한 가치와 규범을 위해 싸우고 대만을 수호하기 위해 노력하는 모습을 보여주는 것이 미국의 리더십 유지에 매우 중요한 일환이 된다. 요컨대 미국의 입장에서 대만은 지정학적 차원에서 군사안보적 중요성을 갖고 있고 지경학적 차원에서 기술 및 공급망 경쟁에서 우위를 점하기 위한 핵심 파트너일뿐만 아니라 이데올로기 차원에서 미국의 패권적 리더십을 유지하기 위해 반드시 지켜내야 할 보루인 것이다.

대만 사회의 여론: 정체성의 정치와 집권 세력의 미국 편승

현재 양안관계의 구조적 특징으로 주목해야 할 것은 '힘의 비대칭성'과 '국내 정치적 불연속성'이다. 힘의 비대칭성이란 군사적으로나 경제적으로 중국과 대만 간의 격차가 갈수록 벌어지고 있고 대만 경제가 중국 시장과의 상호의존성 때문에 민감성과 취약성이 크다는 점을 말하는 것이다. 이는 중국의 하드 파워가 상승하면서 대만이 동등한 지위에서 중국과 협상을 진행하기 어렵다는 점을 시사한다. 국내 정치적 불연속성은 중국과 대만이 서로 상이한 정치 체제 사이의 관계이고, 특히 대만이 민주주의 체제이기 때문에 선거로 집권 세력이 바뀔 때마다 양안 정책에 변화가 생긴다는 점을 의미한다. 대만에서 탈중국 혹은 독립 지향의 성향을 가진 민주진보당(이하 민진당)이 집권할 때는 양안 당국 사이의 대화와 교류가 중단되고 지정학적 긴장이 고조된다. 현재 미·중 전략경쟁의 국면에서 집권당인 민진당의 차이잉원 정부(2016~2024년)와 라이칭더 정부(2024년 5월 집권)는 '현상 유지' 전략을 모토로 내걸고 있지만 실제로는 미국 편승 전략을 통해 중국과 힘의 균형을 맞추려 하고 있다. 양안관계의 황금기라고 할 수 있는 국민당의 마잉주 정부(2008~2016년) 시기에 대만이 중국과의 교류와 협력을 기조로 미·중 사이에서 균형을 맞추는 전략을 채택함으로써 지정학적 긴장을 낮추는 모습을 보였던 것과는 상이하다.

지금처럼 양안관계가 교착상태에 빠지고 지정학적 긴장이 고조된 것은 2016년 대만에서 민진당이 집권하면서부터다. 탈중국화를 추구하는 민진당이 집권한 이후 중국과 대만 사이에 긴장 국면이 조성됐는데, 중국은 2019년부터 대만 당국과의 대화를 단절하고 대만의 집권 세력을 우회하여 대만 대중들과 직접 교류하겠다는 전략을 본격화했다. 민진당 정권도 중국과의 관계에서 해법을 찾지 못한 후 반중 정서를 기반으로 미국과의 관계를 강화해왔다. 대만인들은 미국과의 관계를 통해 안보 문제를 해결할 수 있고, 양안관계가 악화되어도 대만 경제에 대한 영향이 제한적이라고 믿고 있다. 이로 인해 다수의 대만인들은 양안관계 개선에 대한 의지가 결여되어 있다. 친미와 반중 정서가 대만 사회에서 국민적인 공감대를 형성하고 있고 이와 다른 관점에 "친중 매국"이라는 꼬리표를 붙이며 정체성의 정치가 동원되고 있다.

대만 사회에서는 지난 20여 년간 정치적 정체성에 근본적인 변화가 일어났는데, 대만을 중국과 별개로 바라보는 '본토주의' 의식이 강화된 것이다. 민주주의가 공고화되면서 대만인들의 60% 이상이 자신의 정체성을 '대만인'으로 인식하고 있다. 자신의 정체성을 '중국인'으로 인식하거나 '대만인이면서 중국인'이라고 인식하는 비율은 30%대에 머무르고 있다. 이 추세는 돌이킬 수 없이 고착화된 상황이다. 이러한 여론의 이면에는 대만인들이 갖고 있는 대만 민주주의에 대한 확신과 중국에 대한 불신이 자리 잡고 있다. 다만 대만 정체성의 강화가 대만 사회의 독립 의지를 강화하는 방향으로 나아가고 있는 것은 아니다. 대만인들의 여론은 매우 현실주의적 입장을 취하고 있다. 비록 현재 중국의 압박으로 인해 대만의 국제적 공간이 위축되어 있지만, 대만은 이미 독립된 상태와 다름없다고 생각한다. 동시에 대만의 독립 여부를 국민투표에 부치거나 국제적으로 대만의 독립을 선언하는 등 법리적 독립을 추구할 경우 일어날 수 있는 국제적 파장이나 중국으로부터의 군사적 위협을 원하지 않는다. 흥미로운 사실은 민진당 내에 대만 독립 근본주의 그룹에 속하는 신조류파의 원로들 사이에서도 "미국이 대만 독립을 지지하지 않기 때문에 대만 독립은 대만인이 결정할 수 있는 것이 아니다"라는 생각이 공유되고 있다는 것이다.

대만해협과 한반도의 위기, 어떻게 연결되어 있는가?

    대만해협과 한반도의 안보 위기는 지정학적으로나 군사전략적으로 매우 긴밀하게 연결되어 있다. 그 연결고리는 미국이다. 미국 입장에서 대만해협과 한반도는 지정학적으로 동아시아 지역의 세력 균형에 중요한 함의를 갖는 곳이다.

    미국은 대만해협과 한반도 양쪽에 매우 큰 안보적 이해관계를 갖고 있다. 미국은 1979년 중국과 수교하면서 대만을 주권 국가로 인정하지 않고 있고 대만과 동맹관계를 맺고 있는 것도 아니지만, 국내법인 '대만관계법'을 통해 대만 문제의 평화적 해결을 촉구하고 중국의 군사적 위협에 대항할 수 있도록 대만에 방어용 무기를 제공할 수 있게 규정하고 있다. 유사시 미국의 개입을 명시적으로 규정하고 있지는 않지만 행정부의 정치적 판단에 따라 직간접적인 지원이 가능하다. 대만해협 유사시에 미국이 어느 정도 개입하고 미군의 군사력이 어느 정도 투입될 것인지에 대해서는 대만 내에서도 논쟁의 여지가 있다. 하지만 우크라이나 사례를 통해서도 알 수 있듯이 미국은 최소한 정보전과 전자전을 통한 지원을 할 것이다. 또한 대만의 전략적 중요성을 고려할 때 미군의 주력부대가 대만해협에 진출할 가능성도 높다.

중국이 대만에 무력을 행사한다면 중국군은 미군의 개입을 최소화할 수 있는 '속전속결'을 목표로 할 것이다. 결국 미군의 주력군이 투입되기 전에 관건으로 작용하는 것은 일본과 한국에 주둔하고 있는 미군의 역할이다. 미국 전략국제문제연구소 CSIS가 중국의 대만 침공을 상정하고 작성한 워게임 보고서에 따르면, 중국의 첫 타격 대상은 주일미군이다. 주일미군이 서태평양 지역에 주둔하고 있는 미 해군과 공군의 핵심 전력이고, 대만에 상륙하려는 중국군을 주일미군이 공격할 경우 중국군의 가장 중요한 목표인 속전속결 전략이 무산될 수 있기 때문이다. 이 보고서에서는 중국이 미군의 전력 분산을 위해 북한의 도발을 사주할 가능성도 있다고 주장한다. 대만해협과 한반도에 두 개의 전선을 만들어 미군을 한반도와 대만해협으로 분산시켜야 만 중국에 승산이 있다고 보는 것이다. 이 전략은 중국에 과도한 리스크를 유발할 수 있기 때문에 가능성이 높지 않지만, 주일미 군뿐만 아니라 주한미군 기지도 중국군의 타격 대상이 될 수 있 다는 시나리오도 있다.[19]

우리가 대만해협의 군사적 충돌이 한반도로 확대되는 것을 우려하지만, 대만의 군사 전문가들 사이에서는 현재 남북한 관 계의 악화로 인해 한반도에서 군사적 충돌이 먼저 발생하고, 그 충돌이 대만해협으로 확산되어, 중국의 도발 가능성이 높아지 는 것을 우려하는 시각도 존재한다. 역사적으로도 선례를 찾아 볼 수 있다. 한국전쟁 당시 미국은 한반도 전쟁의 영향이 대만해 협으로 확산되는 것을 막기 위해 대만해협에 미군을 투입한 바 있다. 심지어 장제스가 중국군의 주력이 한반도에 투입된 것을 보고 대만 국군을 한반도에 투입하려는 의지를 보이기도 했다.

우리가 주목해야 할 것은 대만해협의 안보 위기와 함께 대 두되고 있는 '주한미군의 전략적 유연성 문제'다. 미국의 필요 에 따라 주한미군의 일부 전력이 한반도 역외에 전개될 수 있다 는 것이 주한미군의 전략적 유연성 문제인데, 주한미군이 대만 해협을 둘러싼 군사적 충돌에 개입할 경우 한국도 원치 않는 분 쟁에 휘말릴 위험에 노출되어 있기 때문이다. 이 문제는 노무현 정부 시기인 2006년 당시 한미 간의 중요한 논쟁점이었다. 당시 부시 행정부는 해외 주둔 미군 재배치 전략의 일환으로 주한미군의 전략적 유연성을 추구했고, 중국과의 무력 충돌 발생 시 주한미군의 투입 가능성을 골자로 하는 안이 한미 당국 간에 논의됐다. 당시의 논란은 '주한미군의 전략적 유연성의 이행에 있어 한국인의 의지에 반하여 동북아 지역 분쟁에 개입되는 일은 없을 것' 정도로 봉합됐지만 부시 행정부가 "주한미군을 어떻게 활용할 것인지는 미군의 주권 사항"이라고 주장하면서 한미 간 해석의 차이를 남겨두었다.

주한미군 사령관 폴 러캐머라는 취임 직전인 2021년 5월 미 상원 인사청문회에서 "한미동맹이 미일동맹과 같은 글로벌 동맹으로 성장해야 하며 주한미군은 역외 우발 사태나 지역적 위협에 대응하는 데 있어서 인도태평양 사령관에 여러 선택지를 제공할 위치에 있으며, 인도태평양 사령부의 우발 상황 및 작전계획상에서 주한미군의 능력을 포함시키는 것을 옹호하겠다"고 말한 바 있다. 또 "한국군의 국제적 역량을 고려할 때 한반도를 넘어서 미군과 협력할 수 있다"고도 언급했다. 미·중 경쟁 속에서 미국의 패권 유지를 위해 한국이 지금보다 더 큰 군사적 역할을 담당해야 한다는 미국 주류의 견해를 대변하는 발언이었다.

현재 주한미군 전략적 유연성의 문제와 지역 분쟁 시 한국의 역할에 대한 미국의 입장은 점점 더 강화되고 있다. 동맹관계는 언제나 연루entrapment와 방기abandonment의 딜레마에 빠질 수 있고 현재 한국은 동맹과의 비대칭적 관계 속에서 '휘말림'의 위험에 빠져들고 있다. 그러나 전략적으로 한미동맹의 가장 중요한 목표는 전쟁의 동시 발생을 차단하는 데 두어야 한다. 한국의 안보 노력도 한반도의 평화와 안정을 유지하는 데 초점이 맞춰져야 한다. 동아시아에서 두 개의 무력 충돌이 동시에 발생할 경우 이는 세계대전으로 확산될 수 있고 인류의 심각한 위기로 전이될 수 있기 때문이다.

중국이 진정 원하는 것은?

시진핑 주석은 2022년 10월 제20차 당대회 정치보고에서 '안보'를 강조했다. 또한 그가 개인적으로 선호하는 용어인 '투쟁'이라는 단어를 열일곱 번이나 사용했다. 안보가 그와 시진핑 3기 지도부에서 최대의 관심사라는 것을 알 수 있고, 중국 경제가 둔화되면서 시진핑이 체제 정당성의 근거를 경제성장에서 안보로 전환하려는 것임을 보여주고 있다.

시진핑의 '투쟁론'은 덩샤오핑의 노선인 '도광양회' 노선에서 탈피해야 한다는 입장을 분명히 한 것이고, 이는 최근 몇 년간 공세적 외교를 전개해온 중국이 갈등에 직면했을 때 피하거나 굽히지 않고 결연하게 투쟁하겠다는 입장을 반영한 것이다. 국제사회에서 '전랑외교'를 추진하고 남중국해의 인공섬 및 암초를 군사화하며 대만해협에서 '회색지대 충돌'을 활용하는 것은 시진핑 시기에 이미 중국의 조건반사처럼 됐다. 시진핑의 '투쟁론'이 중국 외교 안보 행태에 직접적으로 영향을 미치고 있음을 보여주며, 중국이 대외 및 양안정책에서 현상을 변경하기 위해 공세적 전략을 선택했음을 보여준다.

군 출신으로 중국 매파의 목소리를 견인하는 책《초한전超限戰》의 저자 차오량喬良은 "대만 문제는 국운과 관련된 것으로 경솔하게 급진적으로 다뤄서는 안 된다"며, 대만 문제와 관련하여 미국의 전략과 대만의 정치 지형을 고려할 때 "평화적 통일은 기대할 수 없고 무력 통일만이 방법이다"라고 주장했다. 그러나 중국이 군사적으로 아직 충분한 능력과 조건을 갖추고 있지 못하기 때문에 무리하게 서둘러서는 안 되며, 중화민족의 부흥이라는 대업을 망치지 않는 것이 더 중요하다고 강조했다.

이러한 전략적 고려 외에도 최고지도자로서 시진핑 개인의 정치적 우선순위가 전략적 선택에 더 큰 영향을 미칠 것이다. 이미 3연임을 통해 권력을 공고화한 시진핑으로서는 대만에 대한 무력 사용으로는 더 이상의 정치적 이익을 증가시킬 수 없다. 무력 통일 시도를 통해 시진핑의 권력이 더욱 강화되기보다는 전쟁이 불확실성에 빠지거나 착오가 일어날 경우 중앙군사위 주석인 시진핑이 책임을 져야 하고, 나아가 일당 체제에도 위기를 가져올 수 있기 때문이다. 이처럼 승리해야만 하고 패배가 용납되지 않는 게임은 리스크가 너무 크기 때문에 최고지도자가 섣불리 선택하기 어려운 측면이 있다. 뿐만 아니라 현재 중국의 경제 상황이나 재정 및 외환 보유액은 전쟁을 감당할 수 있다고 보기 어렵다.

따라서 시진핑의 '투쟁론'과 차오량의 '신중한 무력 통일론'을 종합해보면, 현재 중국의 매파들이 생각하는 방향은 전쟁과 평화 사이의 '회색지대 전술'을 활용하고 비전통적 무력과 전통적 무력을 혼합적으로 운용하는 것이다. 이를 통해 대만 여론에 영향을 미치고 통일에 우호적인 여론 환경까지는 아니더라도, 적어도 독립 세력의 의지를 꺾어버리려는 의지이다.

역대 중국공산당의 최고지도자가 '무력 통일'을 자신의 정책 기조로 내세운 적은 없다. 정당성과 명분의 확보가 걸려 있는 문제이기 때문이다. 시진핑이 2022년 제20차 당대회 정치보고에서 사용한 발언인 "무력을 포기하는 것을 약속할 수 없다"는 것도 대만인 모두가 아니라 외부 세력의 간섭과 대만 독립 분자 및 분열 활동에 제한된 말이다. 이는 중국공산당이 통일전선 전술의 차원에서 차별 대우와 표적 공격의 방식을 취하고 있음을 보여준다. 또한 시진핑은 "대만 문제의 해결은 중국인 스스로의 일이며 중국인이 결정해야 할 일"이라는 표현을 통해 외부 세력의 개입에 대한 불만을 표현했다. 위의 "무력을 포기하는 것을 절대 약속할 수 없다"는 발언과 동시에 "최대한의 성의와 노력으로 평화적 통일의 비전을 쟁취하겠다"는 표현도 썼다. 모순적으로 보이는 이 두 표현의 함의를 정확히 이해하기 위해서는 두 말의 우선순위와 경중을 가릴 필요가 있다. 즉 중국공산당은 당분간 평화적 방식을 주 기조로 삼을 것이며, 평화적 통일의 가능성이 완전히 소진됐을 때를 대비하여 군사력 사용을 위한 만반의 준비를 할 것이라고 분석할 수 있다.

정치보고에 사용된 "무력을 포기하는 것을 약속할 수 없다"는 말은 원래 덩샤오핑이 한 말이다. 과거에 무력 사용의 가능성을 암시하기 위해 사용됐던 "필요한 모든 조치를 취할 수 있는 선택지를 남겨두겠다"는 말은 장쩌민이 한 말이다. 그러나 시진핑은 "최대한의 성의와 노력으로 평화적 통일의 비전을 쟁취하겠다"는 표현을 사용함으로써 간접적으로 현재 중국공산당의 정세 판단을 내비치고 있다. 즉 미국의 개입을 전제로 했을 때 무력 사용으로 인한 불확실성이 너무 크고 아직은 시기적으로 전략적 인내가 필요하며, 그동안 다른 수단들을 사용할 것임을 암시하고 있다.

위협의 과장과 안보 딜레마의 강화

국제정치학자들의 중요한 연구 중에는 '위협 내러티브'가 어떻게 국내 정치적 목적으로 사용되는지에 대한 연구가 있다. 위협에 대한 과장을 통해 군사비 증가를 정당화하고 권력 강화를 위한 여론을 형성하는 것이다. 공격적 현실주의를 대표하는 존 미어샤이머 시카고대 교수는 강대국이 지배력을 유지하고 전략적 행동을 정당화하기 위해 그리고 경쟁국의 부상을 막기 위한 군사력 증강과 개입을 정당화하기 위해 종종 위협을 과장한다고 주장한다. 위협을 과장하여 자신의 행동을 정당화하고 패권을 유지할 수 있기 때문이다. 하버드대의 스티븐 월트 교수는 '위협 균형 이론'에서 강대국이 위협에 대한 인식을 바탕으로 동맹을 강화하고 안보 정책을 정당화할 수 있다고 주장한다. 그는 객관적인 힘의 척도보다는 인지된 위협을 통해 동맹의 형성과 강화를 주도한다고 주장하며 국제 동맹을 형성하는 데 있어서 위협 내러티브의 역할을 강조했다.

2021년 타개한 미국의 정치학자 로버트 저비스는 잘못된 인식과 과장된 위협이 어떻게 불필요한 군비경쟁과 갈등으로 이어질 수 있는지를 경고하고 안보 딜레마의 강화를 경계했다. 데이비드 캠벨 역시 위협 내러티브가 국가 정체성을 강화하고 안보 정책을 정당화하는 데 사용된다는 점을 강조하면서 '우리'와 '타자'의 구분이 정치적 목적에 부합하기에 이러한 유혹에 빠지는 경우가 많다고 주장했다. 이 같은 분석은 위협 내러티브 혹은 위협의 과장이 어떻게 정치적 목적을 위해 사용되는지에 대한 중요한 관점을 제시한다.

이러한 위협에 대한 과장은 중국과 미국의 정치 리더십 사이에서 공통으로 발견된다. 중국의 리더십은 대만 사회의 여론 형성이 대만 정부의 정책에 의해 결정된다고 생각하는 경향이 있다. 민주주의사회 여론 형성의 복잡성을 이해하지 못하고 있는 것이거나 고의적인 오인이다. 베이징은 대만 사회에서 '92 컨센서스'* 와 일국양제의 수용도가 낮아진 것을 민진당의 책임으로 돌려왔다. 민진당 정부가 독립을 지향하는 정책을 추진하고 역사 교과서 개정 등 대만 정체성을 강화하는 정책을 도입했기 때문이라고 비난한다. 이는 여론이 정부에 의해서 결정된다는 중국 엘리트들의 고정관념이거나 민주주의 체제에서 간주관적 intersubjective으로 구성된 대만 사회의 탈중국 정서를 외면하고자 그렇게 믿고 싶은 것일 수도 있다.

사실 대만 학계나 국제 학계의 평가는 대만의 민진당 정부,

---

* 1992년 11월 중국과 대만 정부가 합의한 양국 관계에 대한 원칙으로, '하나의 중국'을 인정하면서 양측이 각자 해석에 따른 국가 명칭을 사용하자는 내용이다.

특히 차이잉원 정부가 대만의 독립을 촉진하기 위해 도발적이고 공격적인 담론이나 정책을 추진했다고 평가하지 않는다. 차이잉원은 민진당 급진독립파의 압박을 견뎌내며 '현상 유지'의 스탠스를 유지했다. 미국도 '트러블 메이커'였던 천수이볜 총통(2000~2008년 집권)과 달리 온건하고 신중한 정책을 유지해온 차이잉원 총통에 대해 신뢰를 보낸 바 있다.

그러나 베이징의 해석과 정책은 이런 미묘한 차이를 반영하지 않고 민진당 정부가 '92 컨센서스'를 수용하지 않는다는 명목하에 대화의 채널을 단절시켜버렸다. 사실 대만 사회에서 선거 공약과 정부의 정책은 여론의 동향을 고려한 것이며 여론의 영향하에 있다. 따라서 중국 당국이 민진당 정부의 양안 정책을 비난하며 대화를 거부한 행위는 대만 사회의 주류 여론을 소수 여론으로 둔갑시키고 '대만 독립 세력'이라는 실체가 모호하고 여론 기반이 취약한 담론 그룹을 거대한 적으로 상정하는 것이나 마찬가지다. 마치 풍차를 '괴물'로 여기고 돌진한 돈키호테의 모습을 연상시킨다. 대만 독립 세력에 대한 위협의 과장은 혁명기의 성공 방정식이었던 '통일전선 전술'을 그대로 답습함으로써 대만 사회를 분할 지배divide and rule해야만 자신들의 목표를 달성할 수 있다는 인식에 뿌리를 두고 있는데, 이는 결과적으로 중국에 대한 대만 사회의 불신을 높일 뿐이다.

미국의 전략에서도 동일한 문제를 발견할 수 있다. 미국은 일본, 한국 그리고 지역 파트너 국가들과의 동맹 및 연대 강화를 정당화하기 위해 중국의 위협을 과장함으로써 안보 딜레마를 촉발하는 측면이 있다. 위협에 대해 미국의 압도적인 지원이 뒷받침된다면 이는 매우 성공적인 전략이 될 수 있지만, 현재 미국은 위협에 대한 국제여론을 확산하면서도 국내적 문제로 인해 이에 대한 확고하고 압도적인 능력을 보여주지 못하고 있다. 그리고 이는 미국에 대한 신뢰 저하로 이어지고 있다.

한반도와 일본, 그 엇갈림에 관하여

서의동
〈경향신문〉 논설위원

8

인도-태평양 구상은 아시아의 범주를 밖으로 확장하고 있으나 역내 국가인 중국 견제 목적을 지니고 있다는 점에서 '아시아의 확장'을 통한 '아시아의 분리' 전략의 성격을 띠고 있다. 동아시아 공동체의 주요 구성국인 한국과 중국의 비중은 인도-태평양 구상에서 자연히 축소된다. 과거사 문제로 갈등적 상호작용을 겪은 한국을 배제하려는 의도도 의심스럽다.

'사죄'하지 않기로 결의한 일본

2024년 6월 11일 발표된 〈한국일보〉와 일본 〈요미우리 신문〉의 공동 여론조사는 한일관계의 불건전한 쏠림 현상을 드러냈다. 한국인 1,000명, 일본인 1,045명을 상대로 실시한 이 조사에서 '최근 1년간 한일관계 변화에 대해 '긍정적으로 평가한다'고 응답한 한국인은 34%에 그쳤고, 일본인은 45%였다. '부정적으로 평가한다'는 응답은 한국인이 58%, 일본인이 46%였다. 윤석열 정부가 일제 강제동원 피해자들에게 행정안전부 산하 재단을 통해 배상금을 대신 지급하는 '제3자 변제' 방식을 결정한 것에 대해 일본인은 51%가 긍정적으로 평가한 반면 한국인은 부정 평가가 61%였다. 여론조사 결과가 가리키는 바는 명료하다. 윤석열 정부가 과거사 문제에 '통 큰' 양보를 하면서 적극적인 대일 화해를 추진하고 있는 데에 일본인들은 호응한 반면 한국인들의 불만은 커지고 있는 것이다.

대일 화해의 성과는 찾을 수 없다. 윤석열 정부의 '외사랑'에 일본 정부는 미지근한 반응을 보인다. 윤석열 정부가 강제동원 배상 문제를 철저히 양보하면서 '물컵의 나머지 반은 일본이 채울 것'이라고 공언했으나, 일본은 과거사에 대해 단 1mm도 양보하지 않고 있다. 일본은 니가타현 사도佐渡광산의 유네스코 세계문화유산 등재 과정에서 조선인 '강제노동' 문구를 사용하지 않았다.

또한 일본은 한일 경제협력의 불문율이던 정경분리 관행을 또다시 깼다. 일본의 국민 메신저 격인 '라인LINE'을 개발·운영해온 한국 기업 네이버에 대해 일본이 경영권 포기 압박을 가한 '라인 사태'는 민주주의 가치를 공유하는 우방국 사이에서 전례가 드문 일이다. 아베 정권이 반도체 3대 품목의 한국 수출을 규제한 2019년의 악몽을 떠올리게 한다.

한편으로 남북대화가 끊기고 적대가 강화되자 일본이 대북 접근에 열성을 보이고 있는 것은 특기할 만한 일이다. 올해 2024년 1월 노토반도 지진과 관련해 김정은 국무위원장이 기시다 후미오 일본 총리를 '각하'로 호칭하며 위로 전문을 보냈고, 기시다 총리는 북일 정상회담 의지를 여러 차례 피력했다.

일본이 문재인 정부의 한반도 평화 프로세스를 노골적으로 방해하던 6년 전과는 전혀 다른 양상이다. 한국은 일본에 구애하는데, 일본은 고개를 북한으로 돌리고 추파를 보내는 '큐피드 엇갈림'이 일본과 한반도 관계의 최근 사정이다.

일제강점기 조선인 강제노역 현장인 일본 니가타현 사도광산이 지난 2024년 7월 27일 유네스코 세계문화유산으로 등재됐다. 가노 다케히로 주유네스코 일본 대사는 인도 뉴델리에서 열린 세계유산위원회 심의에서 "조선반도 출신 노동자를 성실하게 기억하면서 한국과 긴밀히 협의해 '사도광산'의 전체 역사를 포괄적으로 다루는 설명·전시 전략 및 시설을 강화하겠다"고 했다. 일본 정부는 사도광산에서 2km쯤 떨어진 곳에 위치한 '아이카와 향토박물관'에 당시 광산 노동자들의 노동 현실을 보여줄 6.2평 규모의 전시실을 열었다. 전시실에는 "제2차 세계대전 중 국가총동원법에 근거한 국민징용령에 따라, 조선반도에 징용이 도입돼 1945년까지 사도광산에 1,000명 이상의 조선인 노동자가 있었다. (조선인 노동자의) 모집은 조선총독부의 허가를 얻은 뒤, 민간기업이 노동자를 채용하는 구조였다"라는 설명이 있다.

그러나 한일 간 가장 큰 쟁점인 '조선인 강제동원'에 관한 언급은 생략돼 있다. 징용과 강제동원은 혼용되곤 하지만 엄연히 다른 말이다. 일본은 "당시 한반도가 일본 영토였고, 전쟁 중 자국민 징용은 강제노동이 아니다"라며 징용도 합법이라 주장하고 있기 때문이다. 결론적으로 일본은 사도광산 유네스코 세계 유산 등재에서 '조선인 강제동원'이라는 역사적 사실을 지워버린 것이다.

일본의 세계유산 등재가 문제가 된 것은 이번뿐이 아니다. 2015년에는 '군함도'라 불리는 규슈 하시마端島탄광을 비롯한 메이지 시대 제철·제강·조선·석탄·산업 시설 등 산업유산 23곳을 등재하는 과정에서 일본은 조선인 강제동원 문제를 피해가기 위해 문화유산 지정 시기를 엉뚱하게도 1850~1910년으로 제한했다. 한반도 침탈과 태평양전쟁 시기에 이 시설이 가장 왕성하게 이용됐음에도 그 시기를 빼버린 것이다. 한국을 비롯한 국제사회의 지적이 거세지자 일본은 '정보센터를 설치해 강제징용 피해자를 기억하는 조치를 하겠다'고 약속했다. 그러나 현지에서 1000km나 떨어진 도쿄 신주쿠에 2020년 6월 개관한 산업유산정보센터는 군함도 관련 전시물에서 "학대나 차별은 없었다" "근로환경이 양호했다"는 증언 일색이다.

그나마 하시마탄광의 세계유산 등재 당시 일본 정부는 조선인 노동자에 대해 "'본인의 의사에 반해against their will' 동원돼 가혹한 조건에서 '강제로 노역forced to work'을 했다"라고 밝히는 등 강제성을 명확히 한 바 있다. 그러나 일본 정부는 2018년 11월부터 식민 지배는 합법이며 조선에서 실시한 노동력 동원은 '강제노동'이 아니라는 의미를 담아 '조선반도 출신 노동자'라는 말을 써왔고, 2021년 4월에는 '강제연행' '강제노동' 등의 표현이 부적합하다고 각의 결정했다. 이런 단계적 '역사 지우기'를 거쳐 사도광산에서는 '강제동원' 역사를 삭제한 것이다.

일본의 과거사 지우기는 여기서 그치지 않는다. 2023년은 간토대지진으로 수천 명의 조선인이 학살된 지 100년이 되는 해로 9월 4일에는 당시 가나가와현 지사가 현 내에서 일어난 조선인 살인사건 등을 내무성 경보국장에게 보고한 자료가 일본 시민단체에 의해 공개됐고, 12월 14일에는 〈마이니치 신문〉이 조선인 학살 육군성 보고 문서를 발굴해 보도했다. 이처럼 일본 정부 문서가 속속 발견되고 있지만 일본 정부는 "정부 조사에 한정한다면 사실관계를 파악할 수 있는 기록이 발견되지 않았다"[20]고 발뺌했다. 명백한 제노사이드인 간토 대학살을 아예 없던 일로 하려는 '기억의 제노사이드'가 저질러지고 있다.

윤석열 정부가 2023년 3월 6일 강제징용 배상 문제의 해법으로 발표한 '제3자 변제' 방안도 여전히 도마 위에 올라 있다. 이 방안은 2018년 대법원 판결에 따라 배상 책임을 진 일본 기업 채무를 일제강제동원피해자지원재단이 인수해, 포스코 등 1965년 한일 청구권 협정 수혜 기업을 상대로 기부금을 걷어 피해자에게 나눠주는 방식이다. 일본에 '순도 100%'의 면죄부를 준 셈이지만, 열흘 뒤인 3월 16일 일본에서 열린 한일 정상회담에서 기시다 후미오 총리는 사과와 반성은 입에 올리지도 않은 채 "역대 내각의 역사 인식을 계승"하겠다고만 했다. 심지어 외무성이 4월에 공개한 '2023 외교청서'에서 강제동원 문제에 대해 "역사 인식에 관해서는 역대 내각의 입장을 전체적으로 계승해왔고 앞으로도 이어갈 것"이라는 기시다 총리 발언을 빼버렸다. 사과로 해석될 여지가 있는 언급조차 공식기록에서 지워버린 것이다. 두 달 뒤인 5월 7일 방한한 기시다 총리는 개인 의견을 전제로 피해자들에게 "힘들고 슬픈 경험에 대해 가슴 아프게 생각한다"고 했을 뿐 역시 사과하지 않았다. 기시다 내각의 이런 태도의 배경을 이해하려면 9년 전으로 거슬러 올라갈 필요가 있다. 아베 신조 당시 총리는 2015년 8월 14일 '종전 70주년' 담화문에서 다음과 같이 밝혔다.

"일본에서는 전후 태어난 세대가 이제 인구의 80%가 넘습니다. 그 전쟁과 아무 관계가 없는 우리의 아이나 손자 그리고 그후 세대의 아이들에게 사과라는 숙명을 계속 짊어지도록 할 수는 없습니다."

아베 총리는 "명예와 존엄에 깊은 상처를 입은 여성" "아무런 죄도 없는 사람들에게 헤아릴 수 없는 손해와 고통" 등을 언급하면서 "통절한 반성과 마음으로부터의 사죄"라는 표현을 쓰긴 했으나 담화의 강조점은 '추가 사죄 불가' 원칙에 있었다. 이 원칙은 약간의 유예기간을 거쳐야 했다. 한일 간 최대 현안이던 일본군 위안부 문제의 협의가 급물살을 타면서 그해 12월 28일 합의가 이뤄졌던 것이다. 기시다 당시 외무상이 발표한 이 합의에서 일본은 "아베 내각 총리대신은 일본국 내각 총리대신으로서 다시 한번 위안부로서 많은 고통을 갖고 상처 입은 분들에게 마음으로부터 깊은 사죄를 표명한다"고 밝혀야 했다. 이것이 아베의 마지막 사과였고, 한국에 대한 일본 정부 차원의 마지막 사과로 남을 가능성이 크다.

다시는 사과하지 않겠다는 아베의 '유훈'은 윤석열 정부의 전폭적인 협조로 인해 수월하게 관철되고 있다. 윤석열 대통령은 '북한의 위협이 고조되고 있으니 한미일 안보협력을 서두르려면 발목을 잡고 있는 과거사로부터 벗어나야 한다'는 단선적인 인식을 보여왔다. 문재인 정부 시절 격화된 한일 갈등을 지켜보며 이런 생각을 강하게 굳혔고, 대통령이 된 뒤 빠르게 실천에 옮긴 것이다. 그 속도와 정도가 용인할 수 있는 선을 거침없이 뛰어넘으면서 갖가지 부작용을 낳고 있다.

2023년 3·1절 기념사에서 윤석열은 일본의 침략과 식민 지배의 부당성, 일본의 올바른 역사인식 등에 대해 전혀 언급하지 않은 채 "일본은 과거의 군국주의 침략자에서 우리와 보편적 가치를 공유하고 안보와 경제, 글로벌 어젠다에서 협력하는 파트너로 변했다"고 밝혔다. 역대 대통령들이 첫 3·1절 기념사에서 예외 없이 건설적이고 미래지향적인 한일관계를 강조하면서도, 일본의 진정성 있는 반성과 태도 변화를 요구한 것과 극명한 대조를 보였다. 연설 내용은 며칠 뒤 내놓은 '제3자 변제' 굴욕 해법의 전조였던 것이다.

1965년 체결된 한일기본조약은 식민 지배의 불법성에 대해 'Agree to disagree 합의하지 않음을 합의'로 봉합해 양국 간 의견 불일치가 있음을 확인했다. 한국 대법원의 강제동원 배상 판결은 식민 지배의 불법성에 기초한 것으로, 한일기본조약과 함께 체결된 한일청구권협정의 유효성을 인정하면서도 개인 간의 불법 행위에 관한 손해배상청구권은 남아 있다는 취지다. 애초 이 문제는 양국 정부가 개입하지 않고 민사 문제로 남겨두면 자연스럽게 풀릴 일이었다. 중국에서 제기된 소송에 대해 일본은 2000년부터 2015년까지 징용 기업들이 사과하고 배상하는 것으로 마무리했다.

일본도 당초에는 배상 문제에 열려 있었다. 1991년 8월 27일 야나이 슌지柳井俊二 외무성 조약국장이 참의원 예산위원회에 출석해 한일청구권협정에 대해 "한일 양국이 청구권에 대한 외교보호권을 상호 포기한 것이고, 개인 청구권을 국내법적 의미로 소멸시킨 것은 아니다"라고 한 답변을 여전히 참의원 홈페이지에서 볼 수 있다. 그런데도 유독 한국인 피해자들의 소송과 일본 기업의 배상 시도를 일본 정부가 나서서 막았고, 대법원 판결이 나오자 아베 정부는 '국제법 위반이니 시정하라'며 압박했다. 윤석열 정부는 일본의 요구를 곧이곧대로 받아들인 것이다. "역사해석권에서 일본이 완승을 거둔 것"²¹이라는 남기정 교수의 발언 그대로다.

윤석열 정부의 대일 태도는 알아서 대일 저항의 역사를 지우는 쪽으로 나아가고 있다. 한일 군사동맹화로 나아가려면 일본 군사력이 한반도에 출현하는 데 대한 한국인의 저항심리를 줄여야 한다. 국가보훈부가 '간도특설대' 백선엽 장군의 친일 경력을 삭제하고, 국방부가 1920년대 가장 빛나는 항일독립투쟁의 주역 홍범도 장군의 흉상을 육군사관학교 교정에서 치우려던 것은 이런 맥락에서 해석할 필요가 있다.

앞서 여론조사가 나타내듯 과도한 대일 저자세는 양국 관계에도 마이너스가 될 것이다. 윤석열 정부가 끝나면 한국의 반일 정체성이 용수철 튀어오르듯 분출할지 모른다. '감정affect'이 동아시아 국제정치의 주된 변수로 작용해왔다는 점에서 한일관계가 다시 도돌이표를 찍을 개연성이 있다. 한일관계는 존엄과 감정의 균형이 특히 중요하다.

정경분리의 '레드라인'을 넘은 한일 갈등

2010년 9월 7일 오전 일본 오키나와 센카쿠열도 부근 해역을 순찰하던 해상보안청 순시선이 중국 어선을 발견하고 퇴거명령을 내렸다. 중국 어선은 불응하고 조업을 계속하다 도주하면서 순시선을 들이받았다. 해상보안청은 어선 선장을 체포해 검찰에 송치했다. 중국 정부가 항의하자 일본 측은 선원들을 석방했으나 선장에 대해서는 기소 방침을 유지했다. 그러자 중국은 '일본과의 각료급 왕래 중단' '항공노선 변경 교섭의 중지' '방일 중국 관광객 축소'에 이어 일본인 4명을 간첩죄로 체포했다. 결정적인 것은 '희토류'의 수출 금지였다. 첨단 전자제품 생산에 필수적인 희토류의 90%를 중국에 의존하고 있던 일본은 중국인 선장을 석방하며 무릎을 꿇었다. 이는 일본에 엄청난 정치적 파장을 몰고 왔고, 민주당 정권이 2년 뒤 총선에서 자민당에게 권력을 빼앗기는 계기로 작용했다. 민주당 정권이 지향하던 '동아시아 공동체' 구상도 이 사건으로 치명타를 입었다.

그로부터 9년이 지난 2019년 7월 1일 일본 경제산업성이 반도체 및 디스플레이 제조 핵심 소재의 한국 수출 제한 방침을 발표했다. 9년 전 사회주의 중국으로부터 당한 것을 같은 자유민주주의 국가인 한국에 써먹은 것이다. 아베 총리가 회고록[22]에서 '자백'했듯이 수출규제는 8개월 전 한국 대법원의 강제동원 배상 판결에 대한 보복 조치였다.

당시 일본 정부는 "기존의 수출구조 재정비에 따른 조정"일 뿐이며 "국제 평화와 안전 유지를 위해서"라고 이유를 밝혔다.

바로 직전 오사카 G20 정상회의에서 '자유롭고 공평한 무역'을 강조한 선언의 잉크가 마르기도 전에 국제통상 질서를 정면으로 거스르는 행위를 한 것이다.

일본의 수출규제는 한일 양국이 국교 정상화 이후 암묵적으로 지켜온 '정경분리' 관행을 일거에 무너뜨린 행위이자, 자유민주적 가치를 공유하는 국가 간에는 금기시되는 행위다. 아베는 회고록에서 "징용공 배상 판결이 확정된 뒤 아무런 해결책을 마련하지 않은 문제인 정권에 어떻게 대응할 것인가 하는 문제가 수출규제 강화로 이어졌다"면서 "굳이 두 문제가 연결된 것처럼 보이게 한 것은 한국이 징용공 문제를 심각하게 받아들이도록 하기 위해서"라고 당당하게 회고했다.

당시 일본 관료들은 수출규제 명분을 만들기 위해 한국을 '안보 문제국'으로 몰아가려는 가짜 뉴스를 퍼뜨렸다. 하기우다 고이치 당시 자민당 간사장 대행은 "군사 전용이 가능한 물품이 북한으로 흘러갈 우려가 있다"고 했고, 자민당 간부는 "불화수소를 한국에 수출했는데 행방이 묘연해졌다. 행선지는 북한"이라고 했다. 수출 물자가 한국을 거쳐 북한 또는 제3국으로 흘러 들어가 화학무기로 전용될 가능성이 있다면 한국은 국제적인 대량살상무기 확산 방지 및 대북 제재 체제의 구멍이 되는 셈이다. 북한과의 화해·협력 정책을 추진한다는 이유로 문제인 정부를 '친북'으로 몰더니 한국에 제재 위반 혐의까지 씌우려는 비열한 행위였다. 민주주의의 가치를 공유하는 국가 사이에서 용인될 수 없는 '레드라인'을 넘어선 것이었다.

일본의 수출규제 대상이 한국의 핵심 산업인 반도체 관련 품목이라는 점은 당연해 보이지만, 좀 더 음미해볼 필요도 있다. 일본은 1990년대 전반까지만 해도 반도체 왕국이었다. 1989년 NEC, 히타치, 도시바가 세계 반도체 시장 매출 상위 3위까지 석권하고 1990년에도 톱10 기업 중 6개가 일본 회사일 정도로 세계시장을 휩쓸고 있었다. 그러나 NEC, 히타치, 미쓰비시가 합작 설립했던 반도체 기업 엘피다가 2012년 파산했고, 도시바도 2017년 경영난으로 플래시메모리 사업부를 매각했으며, 파나소닉도 2020년 반도체 사업에서 철수했다.

권석준 성균관대 교수는 일본의 반도체 산업 몰락 원인으로 첫째, 기술력에 대한 과신과 그로 인한 세계시장 변화에 대한 대응력 저하, 둘째, 시장을 압도하기 위해 과감하게 투자한 혁신기술이 오히려 수익률의 발목을 잡았던 점, 셋째, 정부의 과도한 간섭을 들었다. 1986년과 1991년 두 차례 미·일 반도체협정으로 10년간 대미 반도체 수출에 제약이 가해진 것이 일본 반도체 쇠락의 주된 원인으로 꼽히기도 하지만, 이 역시 일본 정부 주도의 반도체 육성 정책이 시장교란 행위로 지목된 탓이다. 일본 반도체 산업이 휘청거리는 동안 후발주자인 삼성전자가 과감한 라인 증설과 선행기술 개발에 힘입어 세계 반도체 시장 점유율을 늘렸고, DRAM 메모리반도체에서는 최상위권 글로벌 기업으로 성장했다.

2012년 말에 재집권한 아베 총리는 동아시아에서 미국을 대신해 역내 패권을 쥐겠다는 야심을 키우고 있었다. 그러나 4차 산업혁명과 경제안보 시대에 산업의 핵인 반도체의 패권을 '심리적 적성국'인 한국이 쥐도록 하는 것은 일본으로서 좌시할 수 없었다. 이런 맥락에서 일본의 수출규제는 단순히 강제징용 판결에 대한 대응 차원을 넘어 한국 반도체 산업의 기세를 꺾기 위한 성격이 짙었다. 한국이 타격을 입으면 일본은 물론 미국에도 기회가 돌아갈 수 있다.

당시 아베가 짠 프레임은 지금도 여전히 유효해 보인다. 한국 대對 미·일의 반도체 전쟁이 좀 더 세련된 버전으로 진행되고 있기 때문이다. 미국 바이든 정부의 인플레이션감축법IRA 제정 이후 한국 반도체 기업들의 미국 진출이 가속화되고 있다. 일본도 구마모토현에 세계 최대의 반도체 파운드리 기업인 대만 TSMC의 제조공장을 지었다. 토요타와 소니 등 일본 대기업 8곳이 설립한 반도체 업체 라피더스는 2027년까지 2nm(나노미터, 10억 분의 1m) 공정 반도체를 양산하겠다는 목표를 세웠다. 반도체 업계에서는 일본의 반도체 부활을 미국이 긴밀하게 지원하고 있다는 의심을 거두지 않는다. 미·일의 반도체 부활에 비례해 한국의 반도체 산업이 위축될 가능성이 크다.

일본 국민 메신저 '라인'의 정보 유출 사건과 관련해 일본 총무성이 한국 기업 네이버의 지분 매각을 압박한 '라인 사태'는 2019년 반도체 수출규제와 같은 '정경분리' 관행 위반을 넘어 한일투자협정에도 위배되는 사례다. 한일투자협정 제10조는 한일 양국 정부가 자국 내 투자자를 상대로 '수용·국유화에 해당하는 조치'를 취할 수 없도록 하고 있다.

라인 사태는 총무성이 라인의 운영사 '라인야후'에 네이버와의 자본 관계 재검토를 올해 3월 5일과 4월 16일 두 차례에 걸쳐 요구한 것이 발단이다. 라인야후의 모회사 'A홀딩스'는 네이버와 일본 기업 소프트뱅크가 50%씩 지분을 가지고 있는데, 소프트뱅크는 5월 9일 A홀딩스의 지분을 네이버에게서 추가로 사들이겠다고 발표했다. 일본 정부 개입의 여파로 '라인의 아버지'로 불리는 라인야후의 유일한 한국인 이사도 이사직에서 물러났다.

2023년 11월 라인 앱 이용자의 개인정보 44만 건이 유출되는 사태가 발생한 것이 총무성 개입의 계기였다. 라인야후는 시스템 개발과 운용을 네이버 자회사인 '네이버 클라우드'에 위탁하고 있는데 이곳 서버가 악성코드에 감염되면서 정보 유출로 이어진 것이다. 총무성은 라인야후가 네이버 측에 시스템 유지와 운영을 지나치게 의존해온 점을 지적하면서 자본 관계 재검토를 요구한 것이다. 그러나 네이버가 지분을 매각한다고 보안이 자동으로 강화되는 것은 아니다. 이 기회에 '일본의 정보통신 인프라' 격인 라인에서 한국이 손을 떼도록 하겠다는 의지가 작용한 것으로 봐야 한다. 미국이 중국 동영상 앱 '틱톡'의 미국 사업 강제 매각을 추진하는 것은 미·중 갈등이라는 특수한 사정이 있다. 하지만 한국과 일본은 민주주의 가치를 공유하는 우방국이라는 점에서 일본 정부의 철수 요구는 부당하다. 라인 사태는 '한국과 일본이 과연 우방국인가'라는 질문을 남겼다.

더 이해하기 어려운 것은 라인 사태가 불거진 지 두 달이 지나도록 윤석열 정부가 입장을 내는 것조차 주저했다는 점이다. 5월 26일 한일 정상회담에서도 윤석열 대통령은 "일본 총무성의 행정지도가 네이버에 지분 매각을 요구한 것은 아닌 것으로 이해한다"며 "우리 정부는 한·일 외교관계와 별개 사안으로 인식한다"고 했다. 주어도, 사태의 책임 소재도 분명치 않은 윤석열의 발언이 공분을 샀다. 윤석열 정부는 누구를 위해 일하고 있는지 의문이 아닐 수 없다.

납치 문제로 '피해자 국가' 지위 획득한 일본

북한과 일본이 2023년부터 꾸준하게 물밑 접촉을

벌이고 있다. 기시다 후미오 총리는 김정은 국무위원장과 정상회담을 갖겠다는 의지를 공공연히 밝혀왔으며 북한도 관계 개선 의지를 숨기지 않고 있다. 하지만 정작 이렇다 할 성과가 나타나지 않는 것은 최대 현안인 '납치 문제'의 접점을 찾기 어렵기 때문이다. 북한의 일본인 납치 문제는 북일 현안 목록에서 핵·미사일 문제보다도 우위에 있다. 납치 문제는 일본이 한미일 공조 체제를 벗어나 북한과 따로 만날 명분이 되는, '일본의 외교 자율성'이 발현되는 공간을 제공한다.

2002년 9월 고이즈미 준이치로 총리의 평양 방문으로 사상 첫 북일 정상회담이 열렸다. 양국은 평양공동선언에서 과거사를 인정하고 청산한 다음 국교를 정상화하기로 합의했다. 김정일 국방위원장은 일본인 납치 사실을 시인하고, 피해자 13명 중 8명이 사망했다고 공표했다. 일본은 '불미스런 과거를 청산하자'는 공동선언 취지가 무색하게 납치 문제에 집착했고, 이후 북일관계는 줄곧 교착상태였다. 납치 문제는 2014년 5월 28일 북한이 납치 피해자를 전면 재조사하기로 한 북일 스톡홀름합의로 전기를 맞는 듯했다. 그러나 2016년 2월 북한이 납치 피해자 재조사를 중단하기로 하면서 스톡홀름합의는 효력을 상실했다.

납치 문제가 해결되지 않는 것은 일본 정부가 납치 피해자 '전원 귀환'을 내걸어 여론의 기대를 높여놨기 때문이다. 김정일의 납치 사실 시인으로 일본 사회가 충격에 휩싸였으나 그럼에도 북일 수교 찬성 입장이 66.1%[23]에 달할 정도로 당시 일본 여론은 북일관계 진전을 바라고 있었다. 그러나 대북 강경 세력들이 '전원 생존 귀환'을 들고 나오면서 사태가 꼬였다.

일본 정부가 이처럼 실현 불가능한 허들을 설정해 납치 문제를 '영구 미제'로 만든 것은 '가해자' 일본이 '피해자' 지위에 서게 된 모처럼의 기회를 놓치고 싶지 않았기 때문이다. "이런 처지의 뒤바뀜에서 일본인들은 카타르시스를 느끼고 있다"는 저널리스트 후나바시 요이치船橋洋一의 말에서 일본인들의 심리를 엿볼 수 있다.

일본은 제2차 세계대전 패전 이후에도 중국, 한국을 제외한 서방 국가들과 샌프란시스코강화조약을 체결함으로써 피해국 사죄를 유예받았다. '가해자 일본'의 자각은 처음부터 희미할 수밖에 없었다. 그러나 냉전 해체 이후 과거사와 관련한 사죄 요구가 분출했다. 1991년 8월 김학순 할머니의 증언으로 표면화된 일본군 위안부 문제는 전후 평화주의의 온실溫室 속에 안주해온 일본인들에게 '침략전쟁의 가해자'임을 일깨웠다. 과거사 성찰 없이 반세기를 살아온 일본인은 식민 지배 사죄와 반성 요구에 저항감을 느꼈다. 일본 정부는 국가 책임을 인정하지 않는 '사과' 외교 방식으로 사태를 봉합하려 했으나 피해 당사자들이 거부하면서 장기 미제 현안이 됐다.

그러던 차에 북한의 납치 문제 인정은 '가해자' 일본이 '피해자' 일본으로 탈바꿈하는 절호의 기회였다. 북일 정상회담은 국교 정상화 합의보다 일본이 북한의 '피해자'였음을 확인한 것이 더 큰 의미를 띠게 됐다. 2006년 설치된 납치문제대책본부는 피해자 가족 강연회, 책자 및 콘텐츠 대량 보급, 계몽 영화 및 애니메이션 상영, 학생 작문대회, 대북 라디오 방송, 예술 공연 등에 국민들을 동원했다. 이런 과정을 거쳐 일본인들은 식민 지배의 '가해자'라는 속박에서 벗어나 '피해자 정체성'을 전유했다. 보수 우익들은 납치 문제를 기화로 자위대 재무장, 헌법개정 담론을 전개했다. 납치 문제는 냉전 해체 이후 정체성 혼란에서 일본을 구출하여 보통국가로 '네이션 리빌딩' 하는 과정의 동력으로 작용했던 것이다.

이처럼 납치 문제는 일본의 안보화에 크게 기여했으나 '모든 피해자의 전원 귀환'이라는 목표 설정은 북일관계에 걸림돌로 작용하고 있다. 납치 피해자의 상징인 요코타 메구미에 대한 '생존 신앙'이 자리 잡은 것이 문제 해결의 가장 큰 걸림돌이다. 북한은 납치 당시 중학생 소녀였던 메구미의 사망 사실을 통보했고, 2004년에는 유골을 제공했으나 가짜 논란이 일면서 일본 사회에서는 '메구미가 살아 있음에도 북한이 돌려보내지 않고 있다'는 불신이 깊어졌다. 스톡홀름합의 직후 북한은 다나카 미노루와 가네다 다쓰미쓰 등 납치 피해자 두 명이 "평양에 거주하고 있다"면서 일시 귀국도 허용하겠다고 제안했다. 새로운 납치 피해자 정보를 제공한 것이지만, 일본 정부는 이를 공개도 하지 않고 묵살했다.* 메구미 같은 핵심 피해자가 아닌 한 의미가 없다고 여겼기 때문이다. 일본 정부의 이런 미온적인 태도가 스톡홀름합의 결렬의 원인 중 하나로 지목된다.

결국 납치 문제로 인해 형성된 일본의 '피해자 정체성'이 일본의 대북 접근을 가로막는 최대의 걸림돌이 되고 있다고 할 수 있다. 북일 접촉의 성패는 납치 문제 해결의 합격점을 얼마나 낮출 수 있는가에 달려 있다고 할 수 있다. '메구미 생존 신앙'과 '납치 피해자 전원 생존 귀환'이라는 이데올로기에 지배되어온 일본 사회가 이를 수용할 수 있을지 지켜봐야 한다.

21세기판 '탈아입구', 인도-태평양 구상

일본의 발의로 미국을 거쳐 한국까지 대외 전략 구상으로 채택한 '인도-태평양 구상'은 아베 총리가 1차 집권 시기인 2007년 8월 인도를 방문한 자리에서 한 '두 바다의 어울

---

* 외무성 관계자가 2022년 9월에야 일본 언론 인터뷰에서 이를 인정한 바 있다.

림'이라는 연설이 시원始原이다. '태평양과 인도양은 자유의 바다, 번영의 바다로서 역동적인 결합을 가져오고 있다. 일본과 인도 양국은 이를 넓혀갈 책임이 있다'는 게 요지였다. 이 구상은 탈냉전 이후 고이즈미 준이치로 총리, 하토야마 유키오 총리 등이 표방한 '동아시아 공동체'를 대체하는 것이자 21세기판 '탈아입구脫亞入歐'라 할 수 있다.

일본은 '대동아 공영권'을 내세워 제2차 세계대전에 추축국으로 참전했다가 패전한 이후, 대외전략 구상을 꺼려왔다. 후쿠다 다케오 총리가 동남아와의 협력을 강조하는 '후쿠다 독트린'이나 하시모토 류타로 총리가 중앙아시아, 러시아, 중국과의 신뢰 관계 구축을 촉구한 '유라시아 외교' 정도였다. '동아시아 공동체' 구상도 일본의 능동적 창안이라기보다는 '아세안 ASEN+3(한·중·일)'에 동의하는 데서 출발한 것이다.

2009년 전후 처음 정권교체를 이룬 민주당의 하토야마 유키오 총리는 동아시아 공동체 구상을 적극적으로 구현하려 했다. 하토야마 총리는 미·일 동맹의 비중을 줄이고 중국·한국과의 관계를 강화하는 데 의욕을 보였으나 오키나와 미군기지 이전 문제를 둘러싸고 미국 오바마 정부와 마찰을 빚으면서 8개월 만에 총리를 사임해야 했다. 그해 센카쿠열도 충돌 사태가 겹치며 동아시아 중시 노선은 파탄됐다. 후임인 간 나오토 총리가 한일병합 100년을 맞아 식민 지배에 대한 일본 정부의 사죄로는 가장 수위가 높은 담화를 발표했으나 지금은 언급조차 되지 않을 정도로 잊혀졌다. 간 총리는 담화에서 "한국인들 뜻에 반해 이뤄진 식민지 지배에 의해, 국가와 문화를 빼앗기고 민족의 자긍심에 깊은 상처를 냈다. (중략) 다시 한번 통절한 반성과 마음으로부터의 사죄의 심정을 표명한다"고 밝혔다.

이듬해인 2011년에는 동일본 대지진과 쓰나미로 2만 명이 숨지는 대재해가 발생했고, 후쿠시마 원전의 대규모 방사성물질 누출 사고로 일본은 전후 최대 위기를 맞았다. 사고 수습 과정에서 민주당 정권이 우왕좌왕하는 모습을 지켜본 일본인들은 리버럴(진보)에 대한 기대를 접었다. 그 틈을 배외주의와 반지성주의가 파고들었다. 2007년, 1년 만에 총리에서 물러났던 아베는 일본에 만연한 열패감을 빨아들이며 2012년 말 다시 집권에 성공했다.

아베는 미·일 동맹을 재강화하고, 패권국가로 부상하는 중국에 대한 대응에 주력했다. 두 가지 과제를 아우르는 구상으로 내놓은 것이 '자유롭고 열린 인도-태평양Free and Open Indo-Asia Pacific Strategy, FOIP'이다. 아베는 2016년 케냐에서 열린 제6차 아프리카개발회의에 참석해 기조연설에서 이 구상을 공식화했다. 인도-태평양 구상은 2017년 외교청서를 통해 공식적인 지역 전략으로 제시된 데 이어 2017년 11월 트럼프 대통령의 방일에서 미·일 공동비전으로 채택됐다. 미국 트럼프 행정부는 이 일본발 구상을 적극 받아들여 2017년 12월 국가안보전략서 National Security Strategy에서 아시아·태평양을 인도-태평양 지역으로 대체해 기술하는가 하면, 2018년 5월 태평양사령부를 인도태평양사령부로 개명했다.

동아시아 공동체를 대체하는 인도-태평양 구상은 중국 견제에 방점이 찍혀 있다. 2010년 센카쿠 충돌에 이어 2012년 센카쿠열도 국유화로 촉발된 중국 내 반일 시위를 겪으며 일본은 중국을 현실의 '위협'으로 인식하게 됐고, 경제협력의 위험성에 대해서도 뼈저리게 느끼게 됐다. 중국이 패권국으로 성장하면서 필연화될 미·중 갈등도 일본에게 중대 변수였다.

인도-태평양 구상은 이런 한계에 몰린 일본의 남진南進 정책의 성격이 강하다. 중국의 비중을 줄이면서 일본의 새로운 '생존공간Lebensraum'을 인도양-태평양의 인도, 호주, 동남아시아에서 확보하겠다는 의미다. 태평양에서 인도양까지 이어지는 해양 공간의 확장은 일본의 외교안보 정책에 생기를 불어넣고 있다.

건국대 최경준 교수는 인도-태평양 구상은 아시아의 범주를 밖으로 확장하고 있으나 역내 국가인 중국 견제 목적을 지니고 있다는 점에서 '아시아의 확장'을 통한 '아시아의 분리' 전략의 성격을 띠고 있다고 분석했다. 동아시아 공동체의 주요 구성국인 한국과 중국의 비중은 인도-태평양 구상에서 자연히 축소된다. 과거사 문제로 갈등적 상호작용을 겪은 한국을 배제하려는 의도도 의심스럽다. 이는 아베가 회고록에서 인도를 중시하는 이유에 대해 "일본과 역사 인식의 문제가 없다"고 언급한 데서도 엿볼 수 있다.[24]

바꿔 말하면 동아시아 공동체 구상이 인도-태평양 구상으로 대체된 배경에는 중국의 부상과 미·중 경쟁 구도의 형성은 물론 한국 등 주변국과의 '갈등적 상호작용'이 깔려 있다는 추론도 가능하다. 그림을 바꿔 그림으로써 과거사를 희석시키려는 의도가 읽힌다.

문제는 일본의 인도-태평양 구상이 한반도에서 어떠한 방식으로 작용할 것인가에 있다. 포괄적인 중국 견제를 염두에 둔 일본의 인도-태평양 구상과 '동북아 긴장 완화'는 상충할 가능성이 크다. 일본이 배제된 채 한반도 평화가 이뤄질 경우 일본은 동북아 질서 주도권을 가질 기회를 놓치게 된다. 남북 협력이 제도화되어 북한의 위협이 감소하고 한반도 긴장이 해소되는 것은 방위력 증강을 꾀하는 일본의 전략 목표와 충돌한다. 2018~2019년 문재인 정부가 추진한 '한반도 평화 프로세스'를 일본이 극력 반대해온 것은 일본의 '빅픽처'에 맞지 않기 때문이었다.

2019년 2월 북미 정상회담의 '하노이 노딜' 이후 남북관계가 단절된 뒤부터 일본이 북한에 대한 접근을 강화하는 것도 앞의 맥락에서 살펴볼 여지가 있다. 일본이 동북아의 '질서 주도권'을 확보하기 위해서는 북한과의 소통이 필수이기 때문이다. 남북관계가 휴지기에 들어간 틈을 노리고 있는 셈이다. 북한으로서도 '서울을 거쳐 워싱턴에 가려는' 시도가 좌절됨에 따라 도쿄를 통한 대미 접근을 고려하고 있는 듯 보인다. 북한이 남북관계를 '적대적 두 국가 관계'로 규정한 상황에서 일본의 대북 접근이 결실을 맺는 최악의 시나리오가 현실이 될 수도 있다.

우크라이나 전쟁은 어디로?

장예지
〈한겨레〉 국제부 기자

9

러시아와 우크라이나는 전쟁 초기 처음으로 협상 테이블에 앉은 뒤 2년이 넘도록 서로에 대한 공세를 이어가고 있다. 그러나 실패한 협상이라고 해서 이를 무용한 과거로 치부할 수는 없다.

안갯속으로 빠져든 전쟁

"우크라이나 또는 러시아의 전승 혹은 전패를 단지 가능성의 영역으로만 제쳐둘 순 없겠지만, 그 가능성도 점점 더 희박해 보인다."

우크라이나 전쟁이 햇수로 3년 차에 접어든 2024년 2월 22일, 중도 성향의 안보 전문 싱크탱크 스팀슨 센터가 '우크라이나 전쟁 끝내기: 생각보다 어려운 과제'란 제목의 보고서를 내면서 내린 평가다.[25] 2022년 2월 러시아의 침공이 시작된 뒤, 미국 마크 밀리 합참의장은 러시아가 72시간 이내에 우크라이나 수도 키이우Kyiv를 함락시킬 것이라고 예상하는 등 단기간에 결판이 나리란 전망이 많았다. 그러나 당시 우크라이나 북부 전역에서 대대

규모로 여러 차례 분산 공격하는 전략을 펼친 러시아에 대항해 우크라이나군은 선방하는 모습을 보여줬다.

이에 지난 2023년 6월, 공세에 나선 우크라이나가 작전에 성공하면 러시아군이 자국 영토로 후퇴할 거란 장밋빛 전망까지 나왔지만, 우크라이나의 반격은 사실상 실패했다. 연말부터 재반격에 들어간 러시아는 미국의 지원이 완전히 중단된 2024년 1월 이후 동부 돈바스 지역에서 약 $360km^2$ 영토를 추가 점령했다. 러시아의 공세가 격화되면서, 2024년 4월 윌리엄 번스 미국 중앙정보국CIA 국장은 "미국 등 서방의 지원이 없다면 우크라이나는 올해 말이면 전장에서 패배할 수 있다"는 경고도 내놓았다. 미 상원은 번스 국장의 경고가 나오고 약 5일 뒤인 4월 23일 총 608억 달러(약 83조7,280억 원) 규모의 우크라이나 지원 법안을 승인했다. 이렇듯 군사적 우위를 보이는 러시아의 공격이 이어지고 있음에도 우크라이나의 패전에 따른 붕괴 상황을 막기 위한 유럽연합과 미국의 추가 지원이 계속되는 한 어느 한쪽의 완승과 완패를 예상하긴 쉽지 않다.

전쟁이 계속될수록 군과 민간인 사상자 수가 빠르게 늘어나는 한편, 살아남은 이들의 삶과 터전도 모두 황폐해질 수밖에 없다. 우크라이나에 대한 미국의 지원안이 6개월여 만에 의회 문턱을 넘자 러시아는 5월부터 공세의 수준을 더욱 바짝 끌어올렸다. 주말 한낮 우크라이나 제2도시로 꼽히는 인구 130만의 도시 하르키우 지역의 대형 슈퍼마켓과 쇼핑센터 건물 한가운데로 러시아의 활공폭탄이 날아들어 최소 16명이 숨지고 44명이 부상을 입기도 했다. 러시아의 지상전 전선이 우크라이나 동부, 남부에서 북동부까지 확대되면서, 하르키우와 가까운 국경 인근 마을 5곳 등을 추가 점령했다.

속수무책으로 당하는 군의 모습에 볼로디미르 젤렌스키 우크라이나 대통령은 서방에 추가 무기 지원을 요구하는 것 외에 별다른 수가 없어 보였다. 전황의 심각성을 인지한 미국과 독일, 영국 등은 6월에 접어들며 자국 무기를 이용한 우크라이나의 러시아 본토 공격을 허용했다. 그동안 확전을 우려해 우크라이나 내 군사적 목표물에만 자국 무기를 사용하도록 엄격하게 제한을 걸어둔 서방이 그 빗장을 푼 것이다. 우크라이나는 곧바로 실행에 나서, 6월 초 러시아 벨고르드를 향해 미국의 다연장 로켓시스템 하이마스HIMARS를 이용해 S-300/400 방공 포대를 타격하는 등 본토 공격에 나서기 시작했다. 우크라이나군은 미국 육군 전술 미사일 시스템ATACMA을 이용해 집속탄이 장착된 미사일 5기로, 러시아 본토는 아니지만 크림반도를 공격했다. 이 공격으로 어린이 2명을 포함한 민간인 5명이 숨지고, 140여 명이 다쳤다. 러시아 국방부는 미사일 공격의 책임이 무기를 우크라이나에 제공한 미국에 있다며, 상응하는 조처가 있을 것이라고 경고하는 등 긴장의 수위가 높아졌다.

전장의 피로감도 쌓여가고 있다. 하루에 수차례씩 방어 진지를 공격하는 러시아의 인해전술은 느리지만 꾸준하게 우크라이나를 몰아세우고 있다. 하르키우 최전선을 지키는 안톤 바예우 우크라이나 중령은 영국 비비시BBC와의 인터뷰에서 "하루에 네다섯 번씩 적의 파도가 몰려와 끝없이 파괴해야 하는 상황은 육체적으로뿐만 아니라 심리적으로도 매우 힘든 일"이라고 토로했다.[26] 싸움이 가장 격렬한 동부 도네츠크 지역의 우크라이나 110여단 이반 세카치 대위는 이런 러시아의 육탄 공격을 두고, 죽음을 앞둔 러시아군의 "컨베이어벨트" 행렬을 보는 것 같다는 섬뜩한 비유를 꺼내기도 했다. 북대서양조약기구NATO를 비롯한 서방은 공세가 격화된 2024년 5월과 6월에는 매일 1,200명의 러시아 군인이 전사하거나 다친 것으로 추산했다.

최근 들어 특히 도네츠크 지역을 중심으로 느린 진격을 해온 러시아는 7월 초 주요 전략적 요충지 중 한 곳인 차시우야르 동부 노비 지역을 점령했다. 고지대에 위치한 차시우야르 지역이 완전히 러시아 손아귀에 들어간다면, 이곳을 우크라이나 서부 크라마토르스크와 슬로우얀스크로 진격하기 위한 전초 기지로 삼을 수도 있다. 우크라이나군은 2024년 2월 또 다른 요충지였던 도네츠크주 아우디이우카에서도 철수한 데 이어 주요 거점이 흔들리는 것이다. 미국으로부터의 무기 지원이 늦어지는 사이 우크라이나군은 빠르게 전력을 소진하고 있는 상황이다.

가늠할 수 없는
평화로의 길
───────

 전쟁이 장기화될수록, 러시아와 우크라이나가 말하는 '평화'는 그 의미부터 달성하는 방식에 이르기까지 좁히기 어려운 차이를 갖게 됐다. 2024년 6월 중순 블라디미르 푸틴 러시아 대통령은 스위스에서 우크라이나 평화회담이 열리기 직전 연설을 통해, 2022년 러시아가 합병한 4개 지역(도네츠크, 루한스크, 헤르손, 자포리아)에서 우크라이나군이 철수하고, 나토 가입 계획을 포기한다면 즉각 휴전 협상에 들어갈 의향이 있다고 말했다. 여기에는 현 전황이 러시아에 유리해졌다는 판단도 깔렸다.
 하지만 우크라이나로서는 빼앗긴 영토를 그대로 내어주는 것이나, 안보 보장도 받을 수 없는 나토 가입 포기 모두 쉽게 받아들일 수 없는 카드였다. 직후 스위스에서 이틀간 열린 평화회의에서 유럽 정상들도 푸틴 대통령의 제안을 거세게 비난했다. 독일의 올라프 숄츠 총리가 푸틴이 제시한 휴전 조건을 "독재적 평화"라고 일축한 것이 단적인 예다. 평화회의에 참석한 100여 국가 중 80여 국가와 국제기구가 우크라이나 영토 보전과 주권을 명시한 공동성명에 서명했다. 폐막식에 선 젤렌스키 대통령은 러시아가 우크라이나의 모든 영토에서 철수해야 평화협상을 시작할 것이라고 말했다. 이 회의에 러시아와 중국은 모두 불참

했다.

우크라이나와 러시아의 평화협상은 개전 초인 2022년 2월부터 4월에 걸쳐 이뤄졌던 협상이 전부다. 당시에는 관련 내용이 자세히 알려지지 않았다. 하지만 협상 회의에서 나온 문서들이 최근 공개되면서 우크라이나, 러시아 및 주변국들의 치열한 외교전이 엿보였고, 끝내 실패한 이유도 짐작할 수 있었다.

2022년 2월 24일 전쟁이 시작되고 4일 뒤, 회담은 벨라루스와 우크라이나 국경 인근에서 시작됐다.[27] 그렇게 2022년 3월 말까지 벨라루스와 튀르키예에서 이어진 대면 및 화상 회의를 통해 양측의 협상이 이어졌다. 이를 토대로 우크라이나 안보를 보장하는 '이스탄불 코뮤니케'를 만들어 합의에 다다르는 듯했지만 두 달이 지난 5월, 회담은 결렬됐다.

2024년 4월 〈포린 어페어스〉가 공개한 '우크라이나의 안전 보장에 관한 조약의 주요 조항'이란 제목의 성명서 초안은 2년 전 이스탄불 협상 과정에서 양측이 어떤 논의를 했는지 보여준다. 초안은 대부분 우크라이나가 작성했고, 러시아도 이 안을 뼈대로 삼는 데 잠정적으로 동의했다고 한다.

주요 내용은 우크라이나를 영구 중립 비핵 국가로 선언하고, 우크라이나는 나토 및 군사 동맹에 가입하거나 자국 영토에 외국 군대 주둔을 허용할 의사를 포기하며, 우크라이나가 공격을 받아 지원을 요청할 경우 러시아를 포함한 유엔 안보리 상임이

사국과 캐나다, 독일, 이스라엘, 이탈리아, 폴란드, 튀르키예 등의 '보증국'이 우크라이나와 협의를 거쳐 지원을 제공할 의무가 있다는 점 등을 명시했다. 특히 우크라이나의 안보 보장을 위한 주변국의 지원에 관한 내용은 비행금지구역 설정, 무기 공급 등도 포함해 나토 헌장 5조 "회원국 일방에 대한 무력공격을 전체 회원국에 대한 공격으로 간주한다"는 집단 방위 원칙보다도 구체적이다.

이 안에 따르면 우크라이나는 중립국 지위를 유지하되 유럽연합EU 가입도 가능하도록 그 길을 터두는 내용도 있었다. 향후 10~15년 이내에 러시아가 점령한 크림반도 분쟁을 평화적으로 해결하기 위해 양국이 노력할 것을 촉구하는 조항 또한 그동안 크림반도를 자신들의 영토라고 주장해온 러시아의 기존 입장에 비춰 보면 매우 고무적인 진전으로 보였다. 당시 러시아 쪽 평화협상 대표단에 있던 블라디미르 메딘스키 러시아 대통령 보좌관은 회담을 마친 직후인 2022년 3월 29일, 우크라이나의 중립화를 위한 조약에 관한 논의가 실질적 국면에 이르렀다고 평가했다. 그래서 '가까운 미래에 푸틴 대통령과 젤렌스키 대통령이 정상회담을 통해 합의안에 서명할 수 있을 것'이라는 낙관적인 발언까지 했을 정도로 긍정적인 기운이 감돌았다.

하지만 그해 4월로 접어들며 양측 분위기의 변화가 감지됐다. 양측이 깊은 이견의 골을 드러낸 건 우크라이나가 공격을 받을 경우, 러시아를 포함한 보증국이 어떤 방식으로 우크라이나를 지원할지에 관한 부분이었다. 〈포린 어페어스〉를 보면, 4월 12일자 초안은 보증국들이 우크라이나 지원 여부를 "독립적으로" 결정한다고 명시했지만, 3일 뒤인 15일자 초안에서 러시아는 "모든 보증국이 동의한 결정에 기초해" 지원이 이뤄질 수 있도록 해야 한다고 주장한 것이다. 우크라이나로서는 이러한 요구가 곧 러시아에 거부권을 부여해 해당 조항을 무력화시키려는 목적으로 보였기에 수용할 수 있는 내용은 아닌 것으로 추정된다.

회담 과정에서 국경과 영토 문제 또한 제대로 논의되지 않았다. 가령 우크라이나는 평시 25만 명 규모의 군대를 주둔시키기 원했지만, 러시아는 그보다 훨씬 적은 8만5,000명 규모를 내걸었다는 것이다. 이는 2022년 러시아가 우크라이나를 침공할 당시 우크라이나의 상비군 병력보다도 적은 수였다. 그 밖에도 배치할 탱크 수와 미사일 사거리 등 세세한 영역까지 양국은 좁힐 수 없는 차이를 확인했다. 영토 협상도 지지부진했다. 우크라이나는 러시아의 돈바스 전면 철수를 요구했다. 하지만 이를 러시아가 받아들일 리 만무했다. 러시아 메딘스키 보좌관은 2023년 11월, 당시 이스탄불 협상으로 돈바스 지역 2개 공화국과 크림반도를 러시아 영토로 인정하면 평화협상을 체결하겠다는 조건을 제시했다고 공개한 바 있다.

푸틴 대통령은 협상 결렬의 원인을 서방으로 돌리며, 전쟁을 끝내는 것보다 러시아를 약화시키는 데 더 관심이 있었던 미국과 그 동맹국들이 협상에 개입했기 때문이라고 비난했다. 실제로 개전 초 평화협상을 중재한 나프탈리 베네트 당시 이스라엘 총리는 2023년 2월 언론 인터뷰에서 "푸틴을 계속 때리라는 서방의 결정이 있었다고 생각한다"며 자신의 평화협정 중재를 막았다는 취지로 말하기도 했다. 특히 당시 영국의 보리스 존슨 총리는 협상이 진행 중인 4월 초에도 외국 정상으로는 처음으로 키이우를 방문해 젤렌스키 대통령에게 "푸틴과의 거래는 매우 지저분할 것"이라며 협정 체결을 반대한 것으로 알려졌다. 2023년 인터뷰에서 우크라이나의 데이비드 아라카미아 의원은 "이스탄불에서 돌아왔을 때 존슨 총리가 (러시아와) 아무것도 체결하지 말고 그냥 계속 싸우자고 말했다"며 협정 결렬의 책임을 존슨 총리에게 돌리는 듯한 발언을 했다.

다만 우크라이나가 공격받을 경우 미국 등 보증국이 새로운 법적 의무를 지도록 한 조항은 미국도 받아들이기 어려웠을 것이란 목소리도 있다. 전쟁이 시작된 뒤 서방의 반응도 대부분 군사 지원 확대 등에 초점이 맞춰져 외교를 통한 타협에는 우선순위를 두지 않았다. 우크라이나 또한 러시아가 개전 초 3월 말 작전 실패로 퇴각하는 등 열세를 보이자 반격에 자신감을 갖게 됐고, 서방 지도자들과의 논의에서도 러시아와의 외교는 후순위로 밀어냈다는 분석이다. 결국 올렉시 다닐로우 우크라이나 국가안보국방위원회 서기는 5월 2일 "러시아와 조약을 맺는 건 불가능하다. 오직 (러시아의) 항복만 받아들일 수 있다"고 말했다. 이들의 협상 노력은 물거품으로 돌아간 것이다.

러시아와 우크라이나는 전쟁 초기 처음으로 협상 테이블에 앉은 뒤 2년이 넘도록 서로에 대한 공세를 이어가고 있다. 그러나 실패한 협상이라고 해서 이를 무용한 과거로 치부할 수는 없다. 이스탄불 평화협상 중재국 중 한 곳이었던 벨라루스의 알렉산드르 루카셴코 대통령은 2024년 4월 푸틴 대통령을 만난 자리에서 2년 전의 협정을 상기하며, 당시 논의를 발판으로 다시 평화협상을 시작해야 한다고 주장했다. 현재로서 러-우 양국 정상이 협상장에 마주 앉는 장면은 요원해 보인다. 하지만 첫 협상의 실패는 적어도 다음 기회가 왔을 때 놓치지 말아야 할 것과 양보할 수 있는 것 사이의 조율을 위한 중요한 선례가 될 것이다.

전쟁을 끝내는 시나리오

슬로바키아의 글로벌 싱크탱크인 GLOBSEC은 2023년 말, 앞으로 2년(2024~2025년)간의 우크라이나 전쟁 양상을 두고 다섯 가지 시나리오를 발표했다.[28] 우크라이나 문제에 관한 41명의 전문가를 선별한 뒤, 전쟁과 관련해 고려해야 할 요인(우크라이나 안보 및 군사작전, 2024년 미국 대선, 북한의 러시아 지원 등) 58개에 대한 설문조사 결과를 반영해 각각의 시나리오를 개발한 것이다. 그리고 이들 중 31%는 우크라이나에서의 전쟁이 2025년 이후까지 장기화될 거라고 예상했다. 그 뒤를 이은 시나리오는 하이브리드형 3차 대전이 일어날 수 있다고 봤는데, 즉 중동이나 조지아·아르메니아·아제르바이잔 등 코카서스 국가, 발칸반도, 아시아·태평양 지역에서 전쟁이 발생해 글로벌 차원의 심각한 지역 분쟁이 발생하고, 우크라이나 전쟁에 대한 기억은 오히려 흐려질 거라는 내용이었다. 이 시나리오 또한 전체 41명 중 27%가 가능성을 점쳤다.

어떤 방식이든 전쟁이 끝날 거라고 본 시나리오는 두 가지다. 우크라이나 전쟁이 교착상태에 머물다 동결되고 제3국의 압력에 의해 전쟁이 종식될 수 있다고 본 방안, 또는 우크라이나 영토가 해방됐으나 정치적·외교적 합의 없이 러시아 군대가 철수하는 안이다. 두 시나리오도 각각 18%가량이 지지했다. 가장 낮은 가능성을 가진 시나리오는 우크라이나에서 러시아가 군사적으로 패배해 러시아의 우크라이나 영토 점령이 해제되고, 러시아가 배상할 거라는 예상으로, 고작 3%만이 이 안을 택했다. 이렇듯 우크라이나 전쟁이 확전으로 이어지거나, 장기적 소모전,

동결 전쟁frozen war의 모습을 띨 거란 예측이 지배적이었다.

가장 높은 확률로 꼽힌 '장기전·소모전' 시나리오는 전쟁이 현재 수준의 강도로 이어져, 인명 피해를 수반하는 전쟁이 계속된다는 전망이다. 우크라이나군은 미국과 유럽 등 파트너 국가들에게 탄약과 첨단 무기 시스템을 의존하는 상태가 유지되고, 유럽연합을 비롯한 나토 회원국들의 지원도 지속될 수 있다고 봤다. 그러나 이러한 모든 군사 지원이 이뤄져도 러시아가 우크라이나보다 4배 가량 우세하다는 추정하에 러시아는 지금의 교착상태를 이용해 그사이 새 진격을 할 수 있는 역량을 키울 것으로 예상했다. 서방 제재 등으로 첨단 무기 기술에 접근할 수 있는 방안이 제한돼 병력을 대량으로 투입하는 방식으로 우크라이나군을 고갈시키는 전략을 계속할 것이라고도 봤다. 이렇게 전쟁이 길어지면 우크라이나와 서방의 자원은 무기한 소모될 수밖에 없다. 이 시나리오는 장기전이 러시아가 군사력을 키울 시간을 벌어주어 러시아 쪽에 보다 유리하게 작동한다고 보고 있다.

특히 전쟁에 대한 피로가 서방에 퍼질수록, 각국 정부는 국민들에게 우크라이나 군사 지원의 정당성을 설명하는 데 더 많은 노력이 필요할 것이다. 우크라이나 전쟁에 대한 유럽의 지원을 반대하는 극우 정당들이 유럽의회에서 더 큰 세력권을 형성하게 되면서 이런 우려도 커지고 있다. 물론 이들이 현재 유럽연합의 우크라이나 지원책에 직접적 변화를 일으키는 상황은 아니지만, 2024년 6월 치러진 유럽의회 선거 이후 극우 정당의 성장세는 더욱 커진 것이 사실이다. 특히 헝가리 극우 피데스당 소속인 오르반 빅토르 헝가리 총리가 주도해 유럽의회 내에 결성된 '유럽을 위한 애국자'는 세 번째로 큰 정치그룹 자리에 올랐다. 2024년 6월 결성된 이 그룹은 오스트리아 자유당EPO, 체코 긍정당ANO 등이 합류하면서 유럽의회 정치그룹 결성 조건(최소 7개국 회원국 정당 의원 23명)을 채웠다.

무엇보다 프랑스에서 돌풍을 일으킨 극우 국민연합RN이 최근 이 그룹과 함께하기로 결정하면서 몸집을 불렸다. 국민연합은 이번 프랑스 총선을 앞두고 실시한 대부분의 여론조사에서 1당이 될 거란 결과가 나왔을 정도로 그 성장세를 실감케 했다. 총선 결선 투표에서 프랑스 좌파와 중도 연합 정당들의 단일화 전략이 성공해 국민연합은 3위로 내려앉았지만, 1차 투표 때는 1위를 차지하는 저력을 보여 프랑스 정치권을 바짝 긴장하게 했다. 이렇게 극우 정당들이 각국에서 지지율을 높여가며 유럽의회로 진출했을 때, 우크라이나 전쟁에 회의적인 이들의 목소리는 종전과 달리 더 크게 울릴 수밖에 없다.

당장 올해 하반기 6개월 동안 유럽연합 순회 의장국을 맡게 된 오르반 헝가리 총리는 자신의 핵심적인 과제는 "평화 임무"라며 개전 이후 처음으로 우크라이나를 방문한 뒤 연이어 러시아와 중국의 정상을 만나 우크라이나 전쟁 중재 방안을 논의했다. 친러·친중 성향을 지닌 오르반 총리는 젤렌스키 대통령에게 휴전과 평화협상을 촉구한 데 이어 곧바로 푸틴 대통령을 만나 우크라이나 평화 방안을 논의했다. 우크라이나에 대한 지원을 우선순위에 두면서 러시아와 중국을 비판해온 여타 유럽연합 회원국과는 확실히 대비되는 행보다. 이와 관련해 피테르 씨야르토 헝가리 외무장관은 7월 9~12일 미국 워싱턴D.C에서 열린 나토 정상회의가 공동성명을 통해 중국이 우크라이나를 침공한 러시아를 돕는다고 비판한 점을 두고도 "나토가 반중국 블록이 되는 것을 헝가리는 원하지 않는다"며 우크라이나의 나토 가입 타진 역시 비판했다. 더구나 오르반 총리는 나토 정상회의가 끝나자마자 도널드 트럼프 전 대통령과 회동하기 위해 트럼프의 개인 별장인 플로리다 마러라고 리조트로 떠났다. 이 만남에서 둘이 나눈 대화를 구체적으로 알기는 어렵지만, 우크라이나·러시아·중국 정상을 연이어 만난 오르반 총리의 동선만 보더라도 그가 우크라이나 문제와 관련해 트럼프의 자문 역할을 하고 있는 게 아니냐는 의심을 자아낸다.

교착, 교착, 교착… 동결된 전쟁으로 갈까?

2024년 11월 미국 대선은 우크라이나 전쟁의 향방에 영향을 미칠 가장 큰 변곡점으로 꼽힌다. 여론조사 결과 민주당 후보인 카멀라 해리스 부통령과 도널드 트럼프 공화당 후보가 초접전을 벌이는 가운데, 두 후보 중 누가 대통령이 되느냐에 따라 전쟁을 수행하는 우크라이나의 입지는 크게 달라질 수 있는 것이다. 무엇보다 해리스 부통령은 우크라이나는 물론, 나토 회원국들에게도 향후 외교·군사 정책에 대한 '예측 가능성'을 갖춘 인물이다. 그는 2022년 러시아가 우크라이나를 침공한 뒤 우크라이나에 대한 군사 장비 지원 뜻을 밝힌 조 바이든 미국 대통령을 공개 지지한 뒤 오늘에 이르기까지 우크라이나와 동맹국들에 대한 지지 뜻을 꾸준히 표명하고 있다.

트럼프의 집권은 오랜 동맹이었던 나토 정상들에게도 예측 불가능한, 불안한 미래다. 트럼프는 나토 회원국들이 방위비를 인상하지 않는다면 "러시아가 원하는 대로 하라"는 발언으로 파문을 일으킨 적 있다. 트럼프가 다시 대통령 자리에 오른다면 우크라이나에 대한 현 수준 정도의 서방의 단결된 입장은 유지되기 힘들다. 2024년 7월에 열린 나토 정상회의가 사실상 트럼프 2.0에 대비해 우크라이나 지원을 '제도화'하는 자리였던 것도 이러한 불안의 연장선에 있다. 나토 창설 75주년이기도 한 이번 회의에서 32개국 정상들은 2025년 최소 400억 유로(약 60조 원) 규모의 군사 장비, 훈련을 제공하기로 했다. 또 우크라이나 지원의 일관성을 높이기 위해 독일 비스바덴 미군 기지에 '우크라이나를 위한 나토 안보 지원 및 훈련 기구NSATU'를 설치하기로 했다. 트럼프가 재선에 성공하더라도 장기적인 우크라이나 지원, 협력이 가능할 수 있도록 하겠다는 의도도 깔렸다. 이 기구가 출범하게 되면 나토 회원국과 파트너 50개국 700여 명이 참여할 전망이다.

전쟁을 끝내겠다고 호언장담하는 트럼프 진영의 구체적인 우크라이나 문제 접근 방안은 아직 공개되지 않았다. 그러나 일부 언론 보도로 평화협상의 전제와 조건을 둘러싼 아이디어들이 전해지고 있다. 그의 안보 분야 보좌관 중 한 명인 키스 켈로그 전 해병대 중장은 우크라이나가 평화협상에 들어가야만 미국의 무기 지원을 받을 수 있고, 반대로 러시아가 협상을 거부하면 우크라이나에 대한 미국의 지원을 늘리는 것을 핵심으로 한 종전안을 트럼프에게 보고했다고 말했다. 여기에는 평화협상이 이뤄지는 동안 휴전에 돌입하는 안도 포함됐다. 이 종전안은 트럼프 진영에서 나온 가장 상세한 종전안이다. 트럼프 진영과 접촉하고 있다는 한 관료는 정치 전문 매체인 〈폴리티코〉에 나토가 우크라이나와 조지아 쪽으로 확장하지 않기로 약속하고, 러시아와는 얼마나 많은 우크라이나 내 점령지를 러시아 통제하에 둘지 협상하는 거래를 검토하고 있다고 말하기도 했다.[29]

그러나 두 방안 모두 미국 내부는 물론 우크라이나와 유럽의 미국 동맹국들이 받아들일 수 있을지 미지수다. 냉정하게 보면 우크라이나로서는 영토의 20%를 러시아에 빼앗긴 데다 현 전황도 열세한 상황에서 유리한 협상 결과를 끌어내긴 거의 불가능하다. 하지만 빼앗긴 영토를 되찾겠다는 젤렌스키 정부의 의지는 여전히 강력하다. 또 전쟁으로 안보 불안이 더욱 커진 유럽도 협상보다 우크라이나 지원 문제를 앞세워왔기에 트럼프-푸틴의 협상을 달가워할 수 없다.

결국 3년째에 접어든 전쟁이 출구 없는 교착상태를 지속하게 된다면 '동결된 전쟁'으로 불안한 결말을 맞이할 것이란 관측이 많다. 동결된 전쟁의 미래로는 한반도 분단과 정전 체제 모델 또는 우크라이나의 현재 영토를 나토에 편입시켜 부분적으로 회원국 가입을 시키는 과거 서독-동독과 같은 형태 등이 거론된다. 특히 젤렌스키의 전략소통보좌관을 지냈던 올렉시 아레스토비치가 2023년 2월 현지 언론과의 인터뷰에서, "서방 국가들이 남한과 북한을 분할했던 종전 방안을 우크라이나에도 적용할 가능성이 있다"고 주장하면서 파장을 불러왔다. 한반도식 모델은 러시아 점령지를 러시아 영토로 분할하고, 우크라이나는 한국처럼 미국과 그 동맹국으로부터 안보 보장을 받는 것을 뜻한다. 물론 우크라이나는 자국 영토에 38선과 같은 분계선을 그을 일은 없을 거라고 주장해왔다. 러시아 드미트리 메드베데프 국가안보회의 부의장도 텔레그램에 글을 올려 이를 "우크라이나의 희망 사항일 뿐"이라고 했다. 동시에 그는 "이는 사실 현장에서 전개되는 현실을 인정하는 첫걸음"이라고 덧붙였다.

어떤 시나리오가 오가건, 문제는 장기화되고 있는 교착상태 속에서 양측 모두 협상 단계에 전혀 이르지 못했다는 데 있다. 협상이 시작되기 위해서는 협상할 수 있는 대상과 조건이 마련돼야 하는데, 러시아와 우크라이나 모두 서로의 요구 사항을 수용할 수 없는 상황인 것이다. 러시아 점령지에 대한 인정 여부가 대표적이다. 전쟁이 길어질수록, 양측 모두 이 싸움을 통해 얻어낼 것이 분명해야 하는데 상황은 도리어 그 반대가 되고 있다.

교착을 넘어서기 위해서는 전세의 확연한 변화가 있거나 교전 당사자의 입장 변화가 필요하다. 한쪽에서는 우크라이나가 협상 국면에서 좀 더 유리한 고지에 오를 때까지 전쟁을 계속 수행할 수밖에 없다고 주장한다. 다른 한쪽에서는 우크라이나가 현실을 인정하고 더 큰 피해와 손실을 막도록 협상에 전향적으로 임해야 한다는 목소리도 나온다. 이렇게 상반되는 주장이 모두 나오는 이상 일종의 '균형점'으로서 동결된 전쟁의 국면으로 접어들 가능성이 커 보인다. 다만 양측의 상이한 이해관계와 주변 강국들의 셈법 속에서 결국 무너지는 건 수십만 군인과 정부를 바라보는 국민들의 삶일 뿐이다.

평화를 위한 북한 개발협력

최지은
세계은행 시니어 이코노미스트

10

정치 상황과 경제 제반의 준비 정도는 닭이 먼저냐 달걀이 먼저냐 같은 문제다. 통일은 정치적으로 결정되는 것 같지만, 통일 비용을 줄이고 통일의 경제적 이득을 확대시키는 방안을 세우거나, 통일로 인한 경제 이득이 양측에 분배되는 정도를 조율하는 것은 통일을 보다 쉽게 논의할 수 있는 정치 환경을 조성한다. 국내외 정치 상황이 모두 해결된 후를 기다리는 것보다, 남북한의 소득격차를 줄이는 실용적 준비를 하는 것이 정치 상황을 해결하고 평화를 가져오는 지름길이 될 수도 있다.

* 이 글은 필자의 개인 견해이며 세계은행의 공식 입장이 아닙니다. 또한 글의 일부는 필자가 통일연구원에 기고한 글을 요약 및 보완한 것입니다.

평화와 통일에는 준비가
필요하다

필자는 2015년부터 2017년까지 3년 동안 진행된 사이프러스 통일 협상을 지원한 적이 있다. 당시 세계은행을 비롯한 몇몇 국제기구와 주요국들이 사이프러스 남북 양측에서 협상을 지원했다. 이미 한 차례 협상이 결렬된 이후 수년의 준비를 거쳐 재개된 협상이었고 통일에 유리한 대내외 여건이 조성되던 상황이라 '이번에는 사이프러스가 통일을 하지 않을까'라는 기대감이 만연했다. 하지만 몇 가지 사안에 대한 양측의 입장 차이로 인해 결국 2017년 스위스에서 개최된 마지막 협상이 결렬되면서 통일과 관련된 대화는 중단됐다.

당시 필자는 이 조그만 섬나라의 통일도 어려운데 한반도의 통일은 얼마나 힘든 일인지 상기하게 됐다. 통일에 앞서 평화적 공존도 마찬가지다. 정치적 상황과 별도로 여러 분야에서 상당한 시간을 들인 지속적인 준비가 필요하다는 점을 깨닫게 됐다. 그래서 간략히 사이프러스 통일 협상 과정을 소개하면서 한반도 평화와 통일에 대한 함의를 나누고자 한다.

사이프러스는 한반도와 유사하게 오늘날까지 분단이 지속되고 있지만, 이미 두 차례 통일 협상을 진행하면서 이에 대한 준비 정도는 한반도 상황보다 앞섰다고 할 수 있다. 상대적으로 많이 알려진 동·서독 통일 사례 외 다른 분단국 통일 시도를 돌아보는 것은 보편성과 특수성을 바탕으로 한반도 상황을 살펴보는 데 도움이 될 수 있다.

2000년대에 들어 남사이프러스의 유럽연합 가입이 논의되기 시작했다. 당시 코피 아난 사무총장이 이끌던 유엔은 남북 사이프러스가 연방국가 방식으로 통일을 해서 양측이 모두 유럽연합에 가입할 것을 제안했다. 소위 '아난 계획'이라 불리는 이 통일안은 2004년 국민투표에 부쳐졌다. 투표 결과 북사이프러스에서는 찬성이 65%였던 반면 남사이프러스에서는 반대가 76%에 달해 부결됐고, 통일 협상이 결렬됐다. 상대적으로 부유한 남측 주민들이 북측과의 경제 격차를 이유로 통일을 반대한 것이었다. 그럼에도 불구하고 1차 협상은 한반도의 군사 분계선 및 비무장지대와 유사한 '그린 라인'을 양측 주민들이 자유롭게

왕래할 수 있게 했고, 유럽연합에서 사이프러스 통일 준비를 위한 기금을 만드는 성과를 냈다.

2010년대에 들어 반기문 유엔 사무총장이 양측을 중재하며 다시 한번 통일에 긍정적인 분위기가 조성되기 시작했다. 2014년 북사이프러스에서는 통일을 지지하는 후보가 대통령으로 당선됐고, 2015년 남북 사이프러스 정상회담에 이어 발표된 공동선언문에서 통일 협상 재개를 합의했다. 동시에 그리스 경제 상황 악화로 그리스가 주 교역국인 남사이프러스 경제는 악화됐고, 터키가 주 교역군인 북사이프러스 경제는 호전되고 있었다. 결과적으로 2000년대 중반 1차 협상 대비 남북 사이프러스의 경제 규모 차이가 크게 줄어들면서 남사이프러스에서 경제 비용을 우려한 통일 반대 여론은 감소했다. 동시에 인근 해안에서 천연가스 매장이 발견됐는데 이를 채굴, 이동, 수출하는 과정에서 양측의 협력이 필요해지자 통일에 대한 기대가 고조됐다.

사이프러스와 한반도의 분단 배경, 역사, 양측의 경제력 차이 등에서 많은 차이가 있지만 동시에 사이프러스 통일 협상 과정은 한반도에 일반적인 함의를 제공하는데, 그중 하나만 꼽자면 많은 준비가 필요하다는 점이다.

당시 세계은행은 관광, 농업, 비즈니스, 서비스 등 산업별로 통일 단계 및 유럽연합과 통합 단계에서 필요한 제도 개혁과 정책 준비를 자문했다. 또 연방제 방안으로 통일을 한 나라 중에서도 연방제가 성공하거나 실패한 사례가 있으므로 그러한 사례를 바탕으로 사이프러스가 효율적인 연방제를 운영하기 위한 방안을 제안했다. 이주민들의 분단 전 토지 소유권에 대한 토지 배상안 및 자원 마련 방안도 만들었다. 동시에 양측의 연금 개혁과 사회안전망 확보에 대한 정책을 자문했다. 이 과정에서 각 분야마다 양측의 입장을 반영하고 양측이 동의할 수 있는 합의안을 만드는 것에 상당한 준비와 시간이 필요했다.

수차례 대화를 통해 양측은 연방제 통일 방안, 의회에서 양측의 의석수 구성, 대법원 판사 양측 동수 배분 등의 통일 후 정치 제도에 대해서는 공감대를 형성했다. 토지 배상안에 대해서는 양측의 입장 차가 컸으나 이 또한 합의안이 도출될 수 있을 것이라 여겨졌다. 하지만 사이프러스에 주둔하는 터키군 철수 시기 등에서 양측의 의견 불일치로 2017년 스위스에서 유엔이 주최한 협상은 결국 결렬됐다. 이후 사이프러스 통일 대화는 중단됐으며, 현재로서는 향후 이런 협상이 재개될 수 있을 것인지에 회의적이다.

정치 상황과 경제 제반의 준비 정도는 닭이 먼저냐 달걀이 먼저냐 같은 문제다. 통일은 정치적으로 결정되는 것 같지만, 통일 비용을 줄이고 통일의 경제적 이득을 확대시키는 방안을 세우거나, 통일로 인한 경제 이득이 양측에 분배되는 정도를 조율하는 것은 통일을 보다 쉽게 논의할 수 있는 정치 환경을 조성한다. 국내외 정치 상황이 모두 해결된 후를 기다리는 것보다, 남북한의 소득격차를 줄이는 실용적 준비를 하는 것이 정치 상황을 해결하고 평화를 가져오는 지름길이 될 수도 있다.

대북 정책의 새로운 접근: 개발협력

한반도 상황도 마찬가지로 평화와 통일로 가는 여정은 오랜 준비가 필요하다. 한국의 경우 국내 정치 상황뿐만 아니라 북미관계와 같은 국제정치 상황에 따라 통일에 대한 입장 및 관심이 크게 달라진다. 하지만 정치 상황과 별개로 실용적이고 실무적인 분야의 개발협력은 지속적으로 추진되어야 한다. 북한 개발협력은 남북의 소득격차를 줄이고 한반도가 하나의 시장으로 나아가는 과정이다. 보다 광범위하게 보면 남북의 지속 가능한 경제교류와 협력은 남북을 포함한 동북아 국가들이 하나의 시장권으로 형성되기 위한 과정이기도 하다. 이러한 개발협력은 북한의 개별성과 특수성, 한반도의 안보적·정치적·경제적 상황을 고려한 복합적인 고민이 담겨야 한다.

남북한의 경제협력에 대해서는 진보나 보수와 같은 정치적 성향과 무관하게 대한민국의 대다수 국민이 찬성한다. 통일연구원이 실시한 '한국국민여론조사 2020'에 따르면 2017년 이후 북한을 협력 대상으로 인식하는 한국 국민의 비율은 크게 늘어났으나, 북한을 지원 대상이나 적대 대상으로 인식하는 국민의 비율은 감소했다. 그런데 개발협력에는 돈이 필요하다. 필요한 인프라를 건설하고 산업을 육성하려면 많은 재원이 필요한데, 북한의 현 금융 시스템으로는 민간 자본을 유인하기 어렵다. 이에 한국의 남북협력기금 이용, 공적개발원조ODA 연계, 정책금융 활용을 고려해볼 수 있다.

한국의 경우 '남북협력기금법'에 따라 국회 의결에 근거하여 남북협력기금을 경제협력 재원으로 사용할 수 있다. 법 개정을 통해 한국이 개발도상국에 지원하는 유무상 공적개발원조 자금을 남북 경제협력과 연계하는 방안도 검토될 수 있다. 한국의 2024년 공적개발원조 예산은 6조2,600억 원 수준으로 역대 최대 규모다. 또한 정책 금융기관을 통해 필요한 비용을 조달할 수도 있다. 하지만 산업은행, 수출입은행 등의 국내 정책 금융기관만으로는 북한 개발협력에 필요한 많은 재원을 조성하는 데 한계가 있어 국제금융기구와의 협력이 필수 불가결하다.

북한의 국제금융기구 활용과 가입 지원

세계은행과 아시아개발은행 같은 국제금융기구는 개도국 발전을 위해 기간산업, 의료, 교육 등 경제 개발에 필요한 유무상 자금을 지원한다. 국제금융기구의 기간산업투자 참여는 사업 신뢰도를 높여 민간 자본 참여를 촉진할 수 있다. 또 국제금융기구는 여러 나라에서 정책 자문 경험을 축적하고 있는데, 그러한 경험 전수는 북한 경제 개발에 실질적 도움이 될 수 있다. 구소련, 동유럽, 중앙아시아뿐 아니라 중국, 베트남과 같은 체제 전환국에서 시장 개방 과정을 자문하고 유·무상 자금을 지원한 경험은 북한 경제에도 응용될 수 있다.

물론 북핵 문제와 관련된 국제 제재하에서 북한에 대한 투자 지원은 사실상 불가능하다. 하지만 지식 전수나 정책 자문과 같은 초기 협력은 여전히 고려해볼 수 있다. 실제로 다른 체제 전환국 사례를 보면 국제금융기구와의 초기 협력이 향후 체제 전환 과정에 큰 도움이 됐다.

예를 들어 베트남의 경우 국제금융기구에 가입하기 전에도 국제금융기구가 운영하는 특별 신탁 기금을 통해 교육훈련 등의 기술지원을 받았다. 베트남 정부는 1986년에 도이머이doi moi* 채택 이후 가격 자유화, 외국인 투자법 제정, 금융시스템 개혁, 거시경제통계 작성 등 경제개혁을 진행하는 과정에서 세계은행과 협력했다. 초창기 교통과 에너지 등에서 협력을 시작했지만 이후에는 지원 분야를 산업과 금융으로 점차 다각화했다. 1993년에 결성된 세계은행 주관 자문그룹이 다른 국제기구 및 공여국들과 베트남 정부 간 창구 역할을 하면서 지원대상 사업 등을 조정하는 역할을 한 것은 참고할 만하다.[30]

중국의 개혁 개방 과정도 유사하다. 1980년대 들어 개혁 개방을 본격화한 덩샤오핑이 세계은행 총재를 중국으로 초청한 후 중국은 세계은행에 재가입하게 된다. 이후 세계은행은 두 차례 중국을 방문하여 거시경제 연구를 수행했고, 중국과 세계은행은 모간산 회의와 바산 보트 회의를 공동 주최했는데 이는 중국 시장 개혁에 대한 합의 형성에 큰 역할을 했다. 1985년 세계은행이 베이징 사무소를 설립한 이후에는 협력이 다각화되어 기술 지원, 사업 타당성 분석, 공무원 교육 및 자금 지원까지 광범위한 분야로 이어졌다. 지난 40년간(1980년~2020년) 세계은행 산하의 국제부흥개발은행IBRD과 국제개발협회IDA는 644억 달러 이상의 대출을 통해 중국 거의 모든 지방에서 434개 사업을 지원했다.[31] 각 사업은 자금 지원뿐만 아니라 지식 전수가 따

---

* 베트남어로 '쇄신'이라는 뜻으로 개혁 개방 정책을 의미한다.

랐고 중국이 저소득 개발도상국에서 신흥 경제국으로 발전하는 데 기여했다. 북한 또한 이런 사례를 참고해 개혁과 개방을 시작할 수 있다.

물론 국제금융기구와의 협력을 위해 가장 중요한 것은 북한이 일관적, 지속적으로 정책 개혁 의지를 보이는 것이다. 이러한 협력을 위해서는 북한이 사회기반시설 개발을 추진할 수 있는 사전 준비를 해야 한다. 또 북한이 장기적으로 국제금융기구 참여를 희망하고, 이를 위해 필요한 통계 작성, 공개 및 정책 개혁을 추진하는 것을 전제로 한다.

사실 북한은 대규모 개발자금을 지원할 수 있는 국제금융기구 가입을 염두에 두고 있는 것으로 보인다. 북한은 1990년대 초 다른 사회주의 국가들이 체제 전환을 시도하고 국제금융기구와 협력하기 시작한 때부터 국제금융기구 가입을 시도했다. 북한은 1997년과 2006년에 아시아개발은행에 회원국 가입 신청을 한 바 있다. 아시아개발은행은 세계은행과 달리 회원국 자격을 IMF 회원국으로 한정하지 않고 유엔 및 유엔전문기구 가맹국으로 하고 있기에 이론적으로는 북한의 가입이 현재도 가능하다.[32] 또 2000년 1차 남북정상회담 이후 북한은 IMF와 세계은행 가입에 관심을 표시했다. 당시 세계은행은 북핵 문제 해결을 전제로, 북한이 회원국으로 가입하지 않더라도 사전에 지원할 수 있는 대북개발지원 비공식 국가팀을 구성한 바 있다.[33]

하지만 북한의 개발협력에 대한 이해 및 개발협력 진행을 위한 준비는 미흡했다고 볼 수 있다.[34]

김정은 정권 역시 국제금융기구 가입을 희망하는 것으로 보인다. 2021년 발표된 북한의 국가경제발전 5개년 계획의 중심 내용에는 국제 협력이 포함된다. 국제 협력 분야의 중심 사상으로 "투명성과 책임성을 전제로 하는 개발협력과 투자(양자 및 다자협력), 이를 위한 통계 개발협력 우선"이라고 명시되어 있다.

한국과 국제사회는 북한이 국제금융기구 회원이 될 수 있도록 지원할 수 있다. 북한이 국제금융기구 가입에 필요한 통계 역량 강화를 지원하는 동시에 북한이 가입국이 되기 전에도 국제금융기구를 통해 대북 제재하에서 가능한 지식 전수를 시작해볼 수 있다. 또 비교적 가입이 용이한 아시아인프라투자은행 AIIB을 통한 북한 지원도 염두에 둘 수 있다.

새로운 다자기구 설립 제안

동시에 북한 개발협력을 목적으로 하는 다자기구나 기금을 조성하는 방안도 고려해볼 수 있다. 제2차 세계대전 이후 수립된 현 국제사회의 거버넌스 및 국제금융 체제에서는 북한의 개발협력사업을 진행하기에 유연성이 떨어질 수 있기 때문이다. 한국 주도로 국제금융기구(가칭 북한개발은행) 및 기금(가칭 북한개발다자기금)을 설립해볼 수 있는데 이는 기존 다자기구 가입에 따른 여러 절차와 역량을 북한이 갖추는 데 필요한 시간을 고려한 것으로, 초기에는 대북 제재하에서도 가능한 지식 교류를 통해 북한이 개별협력을 실행할 수 있는 역량을 강화하는 것을 목표로 할 수 있다. 이후 대북 제재가 완화될 경우에는 남북 철도 등 남북 경제협력에 필요한 개발 재원을 충당하는 채널이 될 수 있다.

또 기존의 두만강광역개발계획GTI 활성화를 고려할 수도 있다. 1991년 유엔개발계획UNDP 주최로 두만강개발계획이 설립되어 북한의 나진에서 중국과 러시아에 아우르는 삼각주에 대규모 경제특구 계획이 설립됐다. 이는 2005년 사업지역 확대 및 공동기금 설립을 기반으로 두만강광역개발계획으로 발전됐고, 한·중·러·몽골·북한이 참여했다. 하지만 두만강광역개발계획이 구체적인 성과를 내지 못하고 2009년 유엔 안보리 제재가 시작되자 북한은 두만강광역개발계획에서 탈퇴했다. 두만강광역개발계획 활성화를 고려한다면 해당 계획이 성과를 낼 수 있도록 전환하는 한편, 북한의 가입을 통해 두만강광역개발계획 자체를 북한을 지원하는 다자협력기구로 활용해볼 수도 있다.

북한 개발을 염두에 둔 국제금융기구 설립 제안은 과거에도 제기된 적이 있고 관련 연구도 상당히 이루어졌다. 그러나 이러한 제안이 아직 실현되지 못한 주요 이유는 북한의 진정성 있는 태도 미흡, 대북 제재하에서 할 수 있는 지원의 한계, 또한 한국에서 이러한 제안을 추진해나갈 리더십의 부재로 보인다.

돌이켜 보면 지난 문재인 정부는 북한과 국제금융기구와의 협력을 시작할 좋은 기회였다. 남북관계 개선에 큰 기대가 있었던 당시 세계은행 총재도 미국 대통령이 임명한 미국 국적자였지만 한국 출신으로 북한 개발협력에 많은 관심을 가지고 있었다. 세계은행 한국 사무소가 설립될 당시 초창기 목적은 취약 국가fragile state를 포함한 독특한 상황에 있는 국가들의 특수성에 맞추어 탄력적인 개발전략을 적용하고 기술지원을 통해 수혜국의 역량을 강화하는 것이었다. 이러한 취지는 북한 개발협력에도 활용될 수 있었다. 당시 대북 제재하에서도 협력이 가능한, 예를 들어 경제 통계, 보건 등의 분야에서 작은 협력이라도 시작했더라면 이후 점진적으로 협력을 확대할 수 있는 기회가 될 수도 있었다는 아쉬움이 든다.

오늘날 한반도를 둘러싼 긴장 상황이나 국내 정치 상황을 고려하면 북한 개발협력은 갈 길이 먼 것처럼 보인다. 하지만 현 상황에서도 할 수 있는 국내 제도적 변화가 있을 것이다. 또한 북한과 국제금융기구 간의 지식 전수 협력과 같은 작은 변화부터 시작한다면 한반도의 평화는 더 빨리 구현될 수 있을 것이다.

기존의 한반도 평화를 위한 논의가 비핵화, 군사 안보에 대한 것이 주를 이루었다면 이제는 개발협력을 포괄하는 광범위한 영역으로 확장할 필요가 있다.

청년, 우리들의 생각은?

황용하
평화네트워크 연구원

이서영
평화네트워크 운영위원

"취업 시장이 얼어붙었다"는 뉴스는 매년 접해온 것 같다. 최근 한 뉴스 매체에 따르면 청년들의 평균 취업 준비 기간은 대학 졸업 후 10개월에 달한다고 한다. '합격'과 '취업'이 조여오는 현실에 놓인 청년들이 과연 인생에 대해 고민할 여유가 있을까? 본인의 인생을 넘어 위협받고 있는 한반도나 세계 평화에 대해 고민할 여유가 있었을까?

'평화가 밥 먹여주냐'는 청년들 _ 황용하

평화를 주제로 글을 쓰는 나 황용하는 20대 청년이고, 그래서 스스로 별종처럼 느껴지기도 한다. '평화'라는 단어가 한국 청년들의 일상 대화에서 사라진 지 오래됐기 때문이다. 이는 청년들이 매일매일 살아가며 부딪히는 여러 가지 문제, 즉 치솟는 주거비용과 물가, 학업에 대한 압박과 진로 걱정 등과 관련이 없지 않다. 일상이 평화롭지 않은 현실에서 평화라는 개념은 그저 먼 이상으로 보일 수밖에 없다.

뉴스로 접하는 해외의 상황도 평화에 대한 무력감과 이로 인한 무관심에 한몫한다. 2022년 2월 러시아의 침공으로 시작된 러시아-우크라이나 전쟁이 2년이 넘도록 끝나지 않고, 2023년

10월 시작된 이스라엘-하마스 전쟁 또한 수많은 민간인 사상자를 내며 지역 안보 정세를 끊임없이 위협하고 있다. 청년들 역시 뉴스를 통해 이러한 현실을 목도하고 있다. 그런데 끔찍한 전쟁 소식을 접하면서도 이에 대한 관심을 갖고 있는 청년을 만나기란 쉽지 않다. 또 관심을 갖더라도 외교적이고 평화적인 해법을 탐구하기보다는 '역시 강력한 군사력을 바탕으로 한 힘에 의한 평화가 최선'이라는 결론에 다다르는 경우도 종종 볼 수 있다. 그도 그럴 것이 이미 러시아-우크라이나 간, 이스라엘-팔레스타인 간에도 평화를 조성하기 위한 일련의 역사적 시도들이 있었지만 결국에는 실패로 돌아가고 말았다.

사실 평화에 대한 관심 부족이라기보다는 평화에 대한 '무력감'이 더 맞는 표현일 수도 있다. 멀리 가지 않고도 우리 청년들은 2018년부터 2019년까지 있었던 한반도 평화 프로세스의 좌초를 목도했다. 기성세대도 그러했지만, 우리 청년들도 초등학생 때부터 '우리의 소원은 통일'이라는 슬로건을 가지고 수업을 듣고, 표어나 글짓기 대회에도 나가고, 통일 포스터 그리기 대회에도 참가해본 경험이 있다. 그런데 어린 시절부터 봤던 한반도 평화 프로세스가 평화의 봄을 가져오지 못했고, 몇 년이 지난 2024년 봄과 여름에는 하늘에 떠다니는 오물 풍선을 보게 됐다. 이러한 경험이 축적되면서 평화는 추상적이고 달성이 어려운 개념으로 청년들의 인식 속에 자리 잡았다.

설상가상으로 교육과 미디어는 이러한 인식의 간극을 좁히는 데 크게 기여하지 못하고 있다. 역사 수업에서 남북분단이나 한국전쟁은 자세히 다루지만, 평화 달성을 위한 노력의 중요성이나 청년들이 할 수 있는 역할에 대해서는 깊이 다루지 않는 경향이 있다. 미디어 역시 즉각적이고 감각적인 뉴스에 집중할 뿐, 평화와 갈등 해결에 대한 깊은 이해를 촉진하지 못한다. 여러모로 청년들이 "평화가 밥 먹여주나요?"라는 질문을 던지게끔 하는 국내외의 상황들이 지속되고 있다고 할 수 있다.

어렸을 때 기억을 더듬어본다. 초등학생 때 통일 글짓기 대회에 나가서 상을 받을 때 '아, 내가 묘사했던 평화로운 한반도의 모습이 내가 조금 더 크면 오겠지'라는 생각을 했다. 삼촌에게서는 "네가 군대에 갈 때쯤 되면 한반도가 통일이 돼서 군대에 안 갈 수도 있다"라는 이야기도 들었다. 하지만 그런 한반도도 그런 군대도 아직 오지 않았다. 오히려 청소년기에 가장 큰 충격으로 다가왔던 일은 2010년 6월 한반도 위기가 고조됐을 때 북한이 "서울을 불바다로 만들겠다"라고 하는 보도를 TV로 본 것이다. 내가 꿈꿔왔던 '평화로운 한반도'와 '서울 불바다'의 괴리는 너무나 크게 다가왔다. 그 후로 대학교에 진학하여 국제정치를 공부하면서 어떻게 하면 사람들이 전쟁 걱정 없이 살 수 있을지 고민해봤다. 군복무 중에도 이런 고민은 계속 이어졌고, 지금도 진행 중이며, 앞으로도 계속될 것 같다.

다시 평화에 대해 이야기하고 집중해야 할 까닭이 나에게도, 청년 세대에게도 있다. 지금 평화에 대한 저조한 관심은 앞으로도 그래도 된다는 뜻이 아니라, 결국 우리가 상상하고 원하는 평화는 우리가 만들어가기에 달려 있다는 사실을 되새길 때라는 의미로 받아들여야 할 것이다.

이번 원고를 쓰면서 한국 청년들이 평화에 대해 어떻게 생각하는지를 조사한 내용이 있는지 궁금해 찾아보았다. 하지만 대부분이 '통일 인식'에 관한 조사였고 순수하게 청년들이 평화를 어떠한 방식으로 이해하고 있는지 살펴본 여론조사는 찾아볼 수 없었다. 내가 못 찾은 것인지도 모르지만, 나는 이것이 한국 평화 담론의 숙명적인 한계라는 생각이 들었다. 아직 종전조차 되지 않았다는 한반도의 현실을 직시할 필요도 있지만, 평화라는 것은 필연적으로 전쟁의 종식이나 갈등의 해결만을 뜻하지는 않는다. 통일 또한 평화라는 목표를 향한 하나의 단계일 뿐이지 그 자체가 종착점이 아니다.

현대 평화 연구의 창시자로 불리는 요한 갈퉁Johan Galtung 박사의 평화 개념 구분을 살펴보는 것이 도움이 될 수 있겠다. 갈퉁에 따르면 평화는 소극적 평화와 적극적 평화로 구분된다. 소극적 평화는 직접적인 평화, 즉 전쟁과 같이 물리적인 폭력이나 위협이 부재한 상황을 일컫는다. 적극적 평화는 평화를 '국가안보' 차원에서 벗어나 '인간안보'의 차원으로 본다. 물리적 폭력을 넘어 구조적·문화적 폭력까지 사라진 상태를 말하는 것이다. 앞에서 언급했던 한반도의 예시를 들자면 무력 충돌 위협의 종식이라는 소극적 평화가 먼저 확보되어야 법과 제도의 정착 및 군사주의의 탈피 등으로 특징 지어지는 적극적 평화가 이룩될 수 있고, 궁극적으로 두 평화 개념이 모두 달성되어야 진정한 평화라고 할 수 있는 것이다.

이러한 과정은 평화를 다양한 렌즈를 통해 바라볼 때 더욱 수월해진다. 사회경제적 조건, 환경, 보건, 인권, 기술 등 다양한 분야의 시각에서 보는 평화는 그것을 달성하는 데 있어 우선순위 설정과 방법이 다를 수 있다. 오히려 이 차이점은 평화에 대한 다차원, 다영역 접근을 용이하게 해 창의적인 대안을 이끌어내는 데 도움을 준다. 예컨대 전통적, 혹은 군사적 안보를 둘러싼 평화 문제에서 관점을 조금 달리하여, 현재 한반도를 비롯해 전 세계가 골머리를 앓고 있는 기후 위기 대응을 통한 협력을 모색해볼 수 있다. 비전통적 안보 요소의 탐구에서 비롯된 대안은 기존의 전통적 안보 달성을 위한 노력과 유기적으로 결합하여 평화에 한 발짝 다가가게 할 수 있다. 이러한 관점의 전환이 지금 우리에게 필요하다. 더불어 평화에 대한 창의적 대안 도출은 장차 평화의 주역이 될 청년들이 가장 잘할 수 있는 일이 아닐까 생각해본다.

나는 평화에 청년들의 관심과 참여가 필수적이라는 것을

2024년 봄 평화네트워크에서 글로벌 피스 스터디Global Peace Study(이하 GPS)를 진행하며 느꼈다. GPS는 격주에 한번 여러 국적의 청년이 모여 평화와 관련된 현안들에 대하여 토론하는 소모임이다. 우리나라 청년뿐만 아니라 북한, 미국, 중국 등에서 온 7명의 청년이 모여 'AI와 평화' '기후 위기와 평화' 등 우리가 당면하고 있는 국제적이고 사회적인 문제들과 평화가 어떻게 연결될 수 있는지 토론했다. 특히 GPS 구성원들이 특정 문제에 대한 전문가가 아니기에 나올 수 있는 독특하고 창의적인 생각들이 매우 인상적이었고, 청년들의 관심과 참여가 가진 잠재력을 다시 한번 확인할 수 있었다. 실제 GPS에 참여해본 청년은 과연 어떻게 생각할까? 이 글의 공동 필자이자 GPS 코디네이터로 활동한 이서영 운영위원을 통해 한 걸음 더 깊이 들어가보자.

'주입식 평화' 말고
진짜 평화 _ 이서영

그동안 우리는 이 세상에서 '당연하다'고 여기는 것들만 배워왔다. 여기서 '우리'는 나를 포함한 '청년'을 말한다. 대한민국 법률상 만 19세 이상부터 만 34세 이하를 청년으로 칭한다. 청년靑年, 한자로 풀어보면 '푸르른 시절'을 뜻한다. 국어

사전의 정의에 따르면 청년은 신체적, 정신적으로 성장하고 무르익는 시기에 있는 사람을 의미한다. 그런데 우리는 이 세상을 살아가며 성장하고 무르익으며 그간 진리라고 믿어왔던 것들이 깨지면서 혼란스러운 시기를 보내고 있는 듯하다. 어쩌면 그동안은 맹목적인 믿음조차 없었는지도 모르겠다. 학교라는 울타리를 벗어나면서 세상의 명明과 암暗을 하나씩 깨닫는 느낌이다. 세상에 몸으로 부딪치고, 다양한 양상을 목격하면서 우리는 이 세상에서 '당연하다'고 여기는 것들이 정말 당연한 것인지 의문을 품게 된다.

청년들이 초중고를 비롯한 학창 시절에 지적받던 문제 중 하나는 '주입식 교육'이었다. 주입식 교육이란 학생의 흥미, 의욕, 능력, 이해 등을 고려하지 않고 일방적으로 선정한 교육 내용을 학생에게 주입시키는 교수법을 의미한다. 이러한 교육 방식의 문제점은 우리 부모 세대에도 있었지만, 우리 청년들 역시 혹은 그 이상으로 경쟁과 주입을 골자로 하는 교육의 병폐를 몸소 느끼며 자라왔다. 교육이란 것이 좋은 대학에 진학하고, 좋은 직업을 얻고, 돈을 잘 벌기 위한 수단이 결코 아닌데도 불구하고, 21세기에 태어난 학생들에게는 그 이상도 그 이하도 아닌 듯하다. '주입식'이라는 꽤나 공격적인 말을 사용해가며 학생들을 줄 세우는 환경에서 자라왔다. 수학에서는 주어진 공식을 암기하고, 문학 작품에서는 화자의 의도를 파악하는 것이 높은 점수를 받는 유일한 방법이었다. 높은 점수를 받으면 학교에서도 집에서도 칭찬을 받으니, 그저 주어진 것을 잘 외우면 된다고 학습한 것이다.

이 교육 방식의 한계는 대학생이 되어서야 비로소 드러난다. '내가 무엇을 좋아하고, 무엇을 하고 싶은지'에 대한 구체적 그림을 그려보지도 못한 채 점수에 맞춰 대학에 진학하게 된다. 요즘도 대학 입시를 다루는 유튜브에서는 "○등급 학생이 진학 가능한 대학과 학과"를 정리하며 대학 서열화를 부채질한다. 그렇게 진학한 대학은 전공 수업을 통해 학문적 깊이와 고민을 더하는 기회를 주기도 전에 '대기업 취업하기' '공기업 시험 준비' 등을 홍보하며 학생들의 시야를 좁힌다. 대학에는 수많은 전공이 있고, 학생들은 다양한 관심사를 가지고 있음에도 불구하고 최종 목적지가 다시 '합격'으로 좁혀지는 현실이다.

이렇게 대학 시절을 보내고 졸업하는 청년들은 어떤 분야의 기업인지, 어떤 일을 하는지에 대한 고민 없이 그저 높은 연봉을 제공하는 대기업 '합격'을 목표로 치열한 경쟁을 벌인다. 마지막 학기를 다니며 졸업을 준비하던 나 역시 '에브리타임'이라고 불리는 대학생 커뮤니티 안의 이야기에 경악을 금치 못했다. 대기업 안에서도 연봉과 기업의 명성 등을 기준으로 등급을 나눈다. 졸업을 유예하고 몇 수씩 하면서 회계사, 변호사 시험 등 전문직을 준비하는 학생들끼리 서로를 향한 날 선 말들을 내뱉는다.

"취업 시장이 얼어붙었다"는 뉴스는 매년 접해온 것 같다. 최근 한 뉴스 매체에 따르면 청년들의 평균 취업 준비 기간은 대학 졸업 후 10개월에 달한다고 한다. '합격'과 '취업'이 조여오는 현실에 놓인 청년들이 과연 인생에 대해 고민할 여유가 있을까? 본인의 인생을 넘어 위협받고 있는 한반도나 세계 평화에 대해 고민할 여유가 있었을까?

모든 대학생과 청년들을 일반화하려는 것은 아니다. 새로운 도전을 해보기도 하고 꿈을 향해 달려가는 청년들도 많다. 그저 대한민국의 대학이 처한 문제점의 일부분을 극단적으로 보여주고 싶었다. 이제는 이 극단이 일반으로 변해가고 있다는 현실에 대한 안타까움을 말하고 싶었다.

글을 쓰다 보니 나의 대학 생활을 되돌아보게 됐다. 다양한 문화와 사람들에 대한 호기심을 바탕으로 이들이 살아가는 세상이 궁금했다. 오랜만에 들여다본 고등학교 생활기록부 진로 희망 사항에는 "아무도 소외되지 않는 세상을 만들고 싶다"라고 쓰여 있었다. 대학 생활 내내 '세상에 어떤 가치를 전하며 살아야 할까'를 고민했다. 그렇게 대학 입학 후 첫 휴학을 결심했다. 그 이유는 본격적으로 세상에 나아가기 전에 '나'를 알아보고자 함이었다. 대학 수업에서는 주어지는 정보를 머릿속에 입력하느라 '나'에 대한 답은 도저히 찾을 수 없었기 때문에 학교 밖 세상에서 그 답을 찾고 싶었다.

쉼표의 시간을 잘 견디지 못하는 성격이라 기말고사 종강과 동시에 인생 첫 인턴 근무를 시작했다. 6개월간 대기업 인사팀에서 근무했다. 처음엔 기대와 설렘으로 가득한 마음이었다. 막연하게나마 대한민국 굴지의 대기업에 대한 환상이 있었나 보다. 여의도의 빌딩숲을 걸을 때마다 한없이 작아지는 느낌이었다. '나'라는 정체성이 점차 흐려지고 거대한 기계의 톱니바퀴 중 하나가 되는 기분이었다.

내가 다닌 고등학교 교가에는 "어둠에 빛 되자"라는 구절이 있었는데, 대학생이 되고 나서 이 '어둠'이 궁금했다. 고등학교 선생님께서 "너희는 온실 속 화초야, 이제 그곳을 나와야지"라고 말씀하셨던 게 생각났다. 대학에 와서도 나는 온실을 벗어나지 못하고 그저 조금 더 큰 온실로 이사했을 뿐이었다. 그래서 완전한 온실 밖의 세상이 궁금했고, 내가 누군가에게 도움이 되는 경험을 해보고 싶어서 아프리카 우간다로 떠났다.

우간다에서 보낸 날들은 '세상에 당연한 것은 없다'는 것을 깨닫게 해준 값진 시간이었다. 한국국제협력단KOICA 우간다 농업 프로젝트 봉사단의 영어 통역 분야로 파견되어 1년간 활동했다. 우간다 수도 캄팔라에서 서쪽으로 130km 떨어진 미티야나 마을에서 150명의 농민들과 함께 흙을 살리는 농사를 지었고, 수입 증진을 위해 양계장도 지었다. 전기도 수도도 들어오지 않는 마을에서 전혀 다른 모습의 평화가 존재한다는 것을 배울 수 있었다.

우간다에서의 생활은 단순한 불편함을 넘어 인간이 기본적으로 누려야 할 권리가 얼마나 소중한지 깨닫게 해주었다. 전기가 없으니 밤마다 어둠 속에서 지내며, 불안한 치안 속에서 개인의 안전이 얼마나 위태로운지 체감했다. 교육이 부족하여 많은 어린이들이 제대로 된 학습 기회를 얻지 못하고, 기본적인 의료 서비스조차 받을 수 없는 현실은 나에게 큰 충격으로 다가왔다. 우리나라에서는 밤에 버스를 타고 귀가하는 일상이 당연했지만 우간다에서는 치안 문제와 가로등 부재로 밤이 되면 활동하기가 어렵고 이로 인해 개인의 평화가 위협받았다. 또한 우리나라에서는 투표와 선거를 당연하다고 여겼지만, 우간다에서는 38년간 집권 중인 대통령의 부패와 부정선거가 큰 문제였다. 이러한 경험을 통해 나는 그동안 당연하게 여겨왔던 한국에서의 평화와 안전이 얼마나 소중한 것인지 깨달았다.

그러나 마을 사람들은 이러한 어려움 속에서도 서로를 돕고, 작은 것에 감사하며 살아가고 있었다. 비록 물질적으로는 부족했지만 정신적으로는 풍요로운 삶을 살고 있었다. 그들의 공동체 정신과 상호 협력은 진정한 평화의 의미를 일깨워주었다. 물질적 풍요가 아닌 인간적인 유대와 협력이야말로 진정한 평화의 기초임을 깨달았다.

우간다에서 돌아온 후 한국에서의 삶을 다시 돌아보게 됐다.

우리는 많은 것을 당연하게 여겨왔지만 그 '당연함'이 사실은 많은 노력과 협력의 결과임을 인식하게 됐다. 그리고 이러한 인식은 나에게 새로운 책임감을 부여했다. 청년으로서 이러한 깨달음을 바탕으로 더 나은 세상을 만들어가야 할 책임이 있다는 것을 깨달았다.

나의 당연함이 당연하지 않다는 것, 평화가 무너졌다고 생각했던 곳에서도 평화는 만들어지고 있다는 것을 우간다에서 배웠다. 이는 우리에게도 적용되는 진리이다. 각자의 작은 노력과 하나된 마음이 모여 우리는 더욱 평화롭고 살기 좋은 세상을 만들어갈 수 있다. 이러한 깨달음이 나를 변화시키고 앞으로 나아가게 하는 힘이 된다.

그 후 미국에 교환학생으로 갔을 때 외국인 친구들을 만나 깊은 이야기를 하다 보면 '제국주의'와 '식민 지배'가 화두로 등장할 때가 있었다. 특히 필리핀 친구들과 했던 대화가 기억에 남는다. 민감할 수 있는 주제이지만 호기심에 넌지시 질문을 던졌다. "너희는 역사에서 식민 지배했던 나라에 대해 어떻게 생각해? How do you feel about the colonization in the past?"

필리핀 친구가 답했다. "우리는 스페인에 300년, 미국에 50년, 일본에 3년 식민 지배를 당했어. 그래서 우리나라의 정체성은 이미 오래전에 사라졌을지도 몰라. 토착민이라고 하면 말레이 인종일 테지만, 우리는 언어가 없고, 역사 전시에서도 외국에서 들어온 문명만 전시해. 필리핀만의 색채가 없어서 속상하기도 하지만 우리는 스페인을 용서forgive했다고 많이들 이야기해." 이런 이야기를 들을 때면 마음속으로는 '뜨억' 하는 경우가 꽤 많다. 적어도 나는, 한국은 우리를 식민 지배했던 일본을 절대 '용서'하기 어려울 거라 생각했기 때문이다.

사실 이 에피소드를 떠올렸던 건 우리 민족의 자긍심과 불씨를 배울 수 있었고, 평화운동에 뛰어들었던 세대에 대한 존경심이 생겨서다. 대한민국의 근현대 역사를 보면 3·1운동, 4·19혁명, 5·18민주화운동, 6월 민주항쟁, 모두 젊은이들이 거리로 나오면서 용감한 목소리를 냈다. 덕분에 우리가 지금의 평화를 누리고 있는 거라고 해도 결코 과언이 아니다. 하지만 과연 우리는 평화에 가까워졌을까. 여전히 세상은 돈과 무기에 의해 움직이고, 그 안에서 평화는 이상적인 꿈에 그칠 뿐이다.

우리는 평화를 위해 끊임없이 노력해야 한다. 우리의 일상 속에서 작은 변화부터 시작해야 한다. 평화는 거창한 것이 아니라, 우리가 매일 실천할 수 있는 가치다. 기성세대와 정부를 탓하기보다는 청년들에게 말하고 싶은 것이 있다. 우리가 미래의 주체가 되어야 한다고. 청년들이 그저 맹목적으로 돈만 좇아간다고 말하고 싶진 않다. 나의 주변에도, 캠퍼스에서도 분명 의식적으로 가치를 만들어내는 다양한 집단이 있다는 걸 알고 있다. 그들의 영향력이 좀 더 커지고 주류가 됐으면 하는 바람이다.

'한강의 기적'이라 일컬어지는 산업화와 민주화를 이뤄내기 위해 개인의 희생이 불가피했던 기성세대를 지켜보며, 지금의 청년들은 '개인의 행복'이 그 무엇보다 중요한 가치라 인식하고 있다. 당연하다, 세상이 변하고 있으니까. 여기서 나는 개인의 행복을 포기하자는 뜻이 아니라, 각자의 목소리를 하나로 모아보자고 말하고 싶다. 대중의 영향력이 그 무엇보다 판을 뒤집을 수 있다는 것을 많이 목격했기에 할 수 있는 말이다.

우리 청년들은 이제 평화의 주체가 되어야 한다. 평화는 단순히 전쟁이 없는 상태가 아니라, 모든 사람이 기본적인 인권과 삶의 질을 보장받는 상태임을 깨달아야 한다. 그리고 이는 청년들의 노력과 목소리로 이루어질 수 있다. 청년들이 말하는 평화는 단순히 이상적인 꿈이 아니다. 각자의 작은 노력들이 모여 큰 변화를 이끌어낼 수 있다. 청년들이 함께 만들어가는 평화는 단순히 꿈이 아닌 현실이며, 우리 모두가 함께 노력할 때 실현 가능하다. 이제는 우리가 주체가 되어 평화를 이루어나가야 할 때다.

기후 재난 시대, 탈성장 평화에 대한 모색

전다현
〈비즈한국〉 기자

염창근
평화바닥 활동가

12

기후변화로 인한 재난의 규모가 커지고, 전쟁으로 인한 난민은 매년 증가한다. 이런 국제적 지형에서 우리나라의 생존 전략은 과연 무엇일까? 우리는 이런 재난에서 예외가 될 수 있을까? 윤석열 정부는 이에 대한 대답의 하나로 '군비증강'을 선택했다. 한국은 재난 시대의 해법을 강력한 무기와 무기 수출 확대라고 보고 있다.

커져가는 재난과 붕괴하는 지구

2022년 여름 유럽은 폭염과 화마에 뒤덮였다. 40도가 넘는 폭염에 프랑스 라디랑 등 남서부를 중심으로 산불이 연이어 발생했다. 이때를 기점으로 여름마다 찾아오는 폭염과 화마는 연례행사가 됐다. 이듬해 유럽환경청EEA은 기상이변으로 1980년 이후 19만5,000명의 희생자와 5,600억 유로(약 832조 9,830억 원)의 경제적 피해가 발생했다고 보고했다. 전문가들은 이런 현상이 '기후 위기' 때문이라고 분석한다.

"지구 온난화의 시대는 끝났다The era of global warming has ended."

"지구가 끓어오르는 시대에 왔다The era of global boiling has arrived."

2023년 7월 안토니우 구테흐스António Guterres 유엔 사무총장의 말이다. 그는 지구 온도 상승을 1.5도로 제한하고, 적극적인 기후 행동에 나서야만 한다고 역설했다. 그리고 다시 2024년 6월, 이제는 유럽뿐만이 아니다. 지구 곳곳은 '펄펄 끓고' 있다. 기후 위기의 증거는 곳곳에서 발견된다. 아시아, 미주, 중동, 유럽 등 모두 40도를 넘나드는, 때 이른 폭염이 계속되고 있다. 언론은 연일 '역대 최고 더위 기록'이라고 보도하는 중이다. 그리스는 더위에 아크로폴리스를 폐쇄하고, 튀르키예에서는 동시다발적인 폭염으로 대규모 산불이 나기도 했다.

기후 위기로 인한 피해는 현실이 됐지만, '획기적인 기후 정책'은 찾아보기 어렵다. 기후 위기는 사회적 약자에게 더 치명적이다. 2024년 5월 12일 발표된 유럽의 랜싯 공중위생The Lancet Public Health 보고서에 따르면 지구온난화가 건강 불평등을 심화시키는 것으로 드러났다. 보고서는 국가 내 소수 민족, 원주민, 저소득층, 이민자, 성별 소외 계층, 임신과 출산을 경험하는 여성은 기후와 관련된 영향을 더 받는다고 보고했다. 그러면서 유럽의 기후법European Climate Law 채택에도 불구하고 신속하고 과감한 조치가 없다면 기후 위기가 가속될 거라고 분석했다.[35]

2022년부터 여름 단골손님이 된 '러브버그'는 여전히 한국을 뒤덮고 있다. 유해충이 아니기 때문에 별도의 방역 전쟁을 치르지 않지만, 흰개미, 동양하루살이 등 벌레의 습격이 최근 몇 년간 급증했다. 기온이 올라간 한국의 농작물 재배 지형도 바뀌었다. 통계청에 따르면 2023년 전국의 논, 밭, 과수 재배면적은 11만4,355헥타르로 2022년 대비 2,037헥타르의 논밭이 사라졌다. 1.4%가 줄어든 셈이다. 1990년 전국의 논밭 면적이 15만 3,613헥타르임을 고려하면 30년간 약 26%의 면적이 사라진 것이다.[36]

인류가 초래한 위기는 기후 위기뿐만이 아니다. 우크라이나와 러시아 전쟁뿐 아니라 이스라엘과 팔레스타인 전쟁 역시 세계의 큰 화두다. 지난 2023년 10월에 2014년 7월 가자지구 분쟁 이후 9년 만에 발발한 전쟁은 좀처럼 해법이 보이지 않는다. 연일 민간인 사망 소식이 전해지지만, 1년 가까이 계속되고 있는 전쟁은 사망자 통계조차 정확히 파악하지 못하고 있을 정도로 악화 일로를 걷고 있다. 2024년 6월 10일에 유엔 안전보장이사회는 휴전안을 결의했지만, 받아들여지지 않았다.

전쟁이 계속되는 만큼 난민도 늘어난다. 2024년 유엔난민기구가 발표한 2023년 동향 보고서에 따르면 전 세계 난민은 3,760만 명, 강제 이주민은 1억1,730만 명이다. 2022년 3,530만 명 대비 6.5% 증가했다. 유엔난민기구는 이스라엘-팔레스타인

전쟁과 수단 내전 등을 난민 수 증가의 원인으로 꼽았다.[37]

　기후변화로 인한 재난의 규모가 커지고, 전쟁으로 인한 난민은 매년 증가한다. 이런 국제적 지형에서 우리나라의 생존 전략은 과연 무엇일까? 우리는 이런 재난에서 예외가 될 수 있을까? 윤석열 정부는 이에 대한 대답의 하나로 '군비증강'을 선택했다. 한국은 재난 시대의 해법을 강력한 무기와 무기 수출 확대라고 보고 있다.

전쟁과 재난의 세계, 군비증강의 문제

　2024년 우리나라의 국방예산은 전년 대비 4.2% 증가한 59조4,000억 원이다. 국방부는 "정부와 국회는 점차 고도화되어가는 북의 핵·미사일 및 비대칭 위협에 대응하고, 억제력을 제고하기 위한 핵심전력 확보가 가장 중요하다는 인식하에, 한국형 3축 체계와 무인기 등 비대칭 위협 대응전력 확보를 위한 예산에 집중 반영했다"고 밝혔다. 정부는 정부 총지출 증가율을 5.1%에서 2.8% 낮췄지만, 국방예산은 4.2% 증액했다. 국방예산의 증가는 '이례적'인 상황이 아니다. 어떤 정치 성향의 정부가 들어서느냐에 상관없이 국방예산은 매년 증가했다. 오히려 진보 정권으로 분류되는 정부가 국방예산을 더 올리기도 했다. 다만 정부예산 증가율을 국방예산이 뛰어넘은 건 이례적이다. 국방예산 증가율이 가장 높았던 2019년(8.2%) 역시 정부예산 증가율은 9.5% 수준이었다.

2024년 국방예산은 국회 심의 과정에서 4,701억 원이 감액됐지만, 이 중 3,060억 원은 다시 증액됐다. 이 금액은 약 60만 가구가 1년 동안 생활할 수 있는 비용이자, 서울의 모든 초중고 학생들에게 무료 급식을 제공하고도 남는 돈이다. 2024년 5월 10일에 국방부는 윤석열 정부 2년 만에 한국형 3축 체계의 능력과 태세를 집중적으로 강화했다고 홍보했다. 한국형 3축 체계는 미국의 핵 공격 수단인 대륙간탄도미사일ICBM, 잠수함발사탄도미사일SLBM, 전략폭격기로 구성된 '3축 전력'을 모방한 전략이다. 한국형 3축 체계는 킬체인Kill Chain, 한국형 미사일방어Korea Air and Missile Defense, KAMD, 대량응징보복Korea Massive Punishment and Retaliation, KMPR으로 구성돼 있다. 이 3축 체계는 모두 '북한'을 겨냥한다.

언뜻 보았을 때는 국방력을 체계적으로 갖추는 것과 같은 느낌이 들지만, 실효성에 대한 논쟁은 해소되지 않았다. 우선 킬체인은 적을 정찰하는 정찰무기, 적을 공격하는 공격무기, 지휘통제 무기를 하나로 묶어서 빠르게 적을 공격하는 체인이라는 의미다. 문제는 '위험성'이다. 킬체인은 적의 공격 의도를 사전에 판단하고 선제 타격을 가하는 개념으로, 오판 시 선제 타격이 전쟁을 촉발할 수 있는 위험성을 내포한다. '한국형 미사일방어'는 북한의 단거리 및 중거리 탄도미사일을 방어하기 위한 시스템이다. 미국 본토 보호가 목적인 미국의 미사일방어와는 달리, 한국형 미사일방어는 한국 방어에 초점을 맞추고 있다. 단거리 탄도미사일 중심으로 방어하고, 미국 미사일방어망에 편입되지 않고 한국이 독립적으로 운영한다는 게 핵심이다. 하지만 한국형 미사일방어의 실효성 논란은 끊이지 않고 있고 미국 미사일방어로의 편입 및 한미일 미사일방어도 가속화되고 있는 실정이다.

대량응징보복KMPR은 핵무기 등의 공격을 받았을 경우, 이에 대한 보복으로 대규모 재래식 무기를 사용해 응징한다는 개념이다. 핵무기의 파괴력에 비해 재래식 무기의 응징력은 상대적으로 약하지만, 이를 통해 북한의 추가 공격을 억제하려는 목적을 가지고 있다. 그러나 현재까지 이런 개념의 전략을 수립한 국가는 전무하고, 이런 방법이 실제 효과가 있는 보복인지에 대한 의견이 분분하다. 대량응징보복은 능력·신뢰성·의사전달의 모든 측면에서 저조한 평가를 받고 있으며, 능력의 확보, 분명한 응징 원칙의 확립, 응징 대상의 확실한 표명 등 다방면에서 대대적 보완이 필요하다는 지적이 제기된다.[38]

국방부는 북한의 무인기 위협에 대응하기 위해 다른 나라에는 없는 '전용 무기'도 적극적으로 생산하고 있다. 그러나 이 무기들의 실효성은 증명되지 않았다. 특히 2022년 북한 무인기가 용산에 침범한 이후로 우리 국방부는 최대 20kw의 출력 레이저 대공 무기 블록-1을 개발했는데, 출력이 약하다는 지적이 나왔다. 용산 방어를 위해 급하게 만든 게 아니냐는 비판이다. 한국형 아이언돔 장사정포요격체계LAMD를 북한에 대응해 수도권 일대에 수십 기를 설치한다는 계획도 세웠다. 그러나 이스라엘-팔레스타인 전쟁 과정에서 이 저고도 방공망 아이언돔이 제 기능을 하지 못한다는 지적이 제기됐다.

AI 기반 국방 기술 역시 마찬가지다. 김민석 한국국방안보포럼 연구위원은 한국의 AI 기반 국방 기술에 대해 "국방과학연구소가 '미래 지상 작전을 위한 AI 지휘 결심 지원기술'을 2021년부터 연구 중이지만 아직 갈 길이 멀다. 국내 방산업체들의 국방 AI 솔루션도 아직 초보적인 단계에 머물러 있다. 구체적인 업체 이름을 밝힐 수는 없지만, 이번 AI 발표회에서 국내 업체들이 군에 제안하는 AI 솔루션은 국방 언어 번역, 장병 심리 검사용 챗봇, 장병 피부질환 진단 같은 수준에 불과하기 때문"이라고 지적하기도 했다.[39]

이처럼 한국의 '군비증강' 신화가 믿기 어려울 뿐 아니라 군비경쟁에 따른 결과를 고려했는지도 의문이다. 군비증강이 곧 평화를 불러오는 건 아니다. 냉전 시기 소련은 미국과의 군비경쟁에 막대한 자원을 쏟아부었고, 경제를 고갈시키면서 국가의 붕괴를 초래한 역사를 남겼다.

우리나라는 국방력 강화만이 유일한 해결책인 양 행동하지만, 국방은 군사능력 강화를 의미하지 않는다. 단순한 군비증강은 결과적으로 군비경쟁과 안보 딜레마만 부추길 뿐이다. 기후변화와 전쟁으로 인한 재난이 계속되는 상황에서 대한민국은 군비증강을 통해 국가안보를 강화하고 있지만, 이는 궁극적인 해결책이 아니다. 그렇다면 진정한 문제 해결을 위한 평화의 길로 나아가기 위해서는 어떻게 해야 할까?

기후 재난을 극복하기 위해서 '군비증강'을 억제해야 한다는 지적은 이미 3년 전부터 제기됐다. 지난 2021년 12월, 50명 이상의 노벨상 수상자들이 모였다. 이들은 앞으로 5년간 모든 국가가 군비를 연간 2%씩 삭감하고, 이 돈의 절반을 팬데믹과 기후 위기, 극심한 빈곤에 대처하기 위한 유엔 기금에 투입할 것을 요구했다. 일명 '평화 배당' 캠페인이다. 이들은 이 계획이 "인류를 위한 단순하고 구체적인 제안"이라고 설명한다. 2020년 세계 군사 지출이 2.6% 증가했기 때문에, 2% 삭감은 현실적으로 실현 가능한 수치라고도 말한다. 그러나 이들의 이런 요구를 수용한 정부는 아직까지 찾아보기 어렵다.

공존과 환대의 세계는
가능한가
———————

팔레스타인은 이미 이 세계의 미래를 보여주는 것만 같다. 이스라엘은 지난 2023년 10월 7일 이후 하마스를 제거하겠다며 가자지구 전체를 초토화했다. 사실상 모든 거주지를 파괴하고 모든 가자지구 사람들을 난민으로 내몰았다. 수만 명이 죽고 그 몇 배가 다쳤다. 남아 있는 230만 팔레스타인 사람들은 구호품조차 받기 어려워 굶주림에 시달리고 있다. 오랫동안 이스라엘의 통제로 농업이나 어업조차 제대로 일굴 수 없었던 가자지구 사람들은 국제기구의 지원에 의존하며 살 수밖에 없었는데 그조차도 이스라엘의 봉쇄로 구할 수 없어졌기 때문이다.

이스라엘은 국가가 세워진 후 76년 내내 팔레스타인 최소화라는 목표를 실행해왔다. 그것은 팔레스타인 점령과 봉쇄 정책으로 추진됐다. 이는 팔레스타인을 이스라엘로 흡수하는 것을 의미하지 않았다. 이스라엘 밖으로 축출하는 것이었다. 한때 이스라엘이 팔레스타인과의 공존을 내세워 오슬로 협정을 체결할 때도, 미국이 이스라엘과 팔레스타인이라는 두 국가로 공존하는 방안을 제안하는 시늉을 할 때도 이는 이스라엘 국가 옆에 동등한 주권 국가로서 팔레스타인이라는 국가를 만드는 방안이 아니었다. 무장력을 완전히 제거한 후 비무장된 자치정부로 한

정되고 봉쇄된 곳에서 사실상 이스라엘의 식민 지배를 받는 그런 공간을 의미할 뿐이었다. 수도와 전기 등 사실상 모든 인프라와 경제가 이스라엘에 종속되어 있고 분리장벽과 관통도로와 검문소와 점령촌이 깔려 있는 지금의 팔레스타인이 그것이다.

이스라엘의 팔레스타인 정책에 관한 최종장은 네타냐후 이스라엘 총리가 2023년 9월에 유엔 총회에서 발표한 '새로운 중동The New Middle East'이라는 계획에 닿아 있다. 그가 들고 있던 지도에는 팔레스타인 땅에 하나의 국가로 이스라엘만 표시되어 있었다. 그리고 이스라엘이 유럽과 아라비아반도를 잇고 인도-아시아까지 연결하는 경제 회랑의 새로운 관문이자 중심 교차점이 되겠다고 연설했다. 이스라엘이 그동안 중동의 주변 국가들과 평화협정을 맺어왔고, 마지막으로 사우디아라비아와의 평화협정만을 앞둔 상황이었다. 미국 역시 이스라엘과 사우디아라비아의 협정에 지지와 지원을 아끼지 않았다. '새로운 중동'을 위해 팔레스타인은 보이지 않아야 했다. 그곳에서 팔레스타인은 하나의 국가인 이스라엘의 땅에 있음에도 동시에 이스라엘에 없는 무언가가 될 뿐이다. 팔레스타인 사람들은 이스라엘의 식민 지배를 받지만, 이스라엘 시민은 될 수 없는 비국민이 된다. 작금의 가자지구 파괴와 학살은 팔레스타인 축출 전략을 그대로 반영하고 있을 뿐이었다.

지금 세계는 미래를 예측할 수 없는 격변의 시대가 아니라 정

반대로 미래가 명확해지는 시대에 있다는 게 더 정확할 것이다. 기후 재난과 전쟁이 일상이 되고 대규모 난민과 이주가 불가피한 미래는 국민과 비국민, 시민과 비시민을 나누는 축출과 배제, 억압의 세상으로 올 가능성이 높다. 그 길은 이미 오랫동안 팔레스타인을 통해 볼 수 있었던 재앙과 식민주의로 향하는 길이다. 팔레스타인만이 아닌 세계 전체가 그렇게 되어가는 경로다. 이미 현대 기술로도 감당할 수 없는 폭염과 홍수, 가뭄과 산불, 장기적으로는 큰 폭의 해수면 상승과 식량 위기, 감염병 확산과 보건 위기 등이 구체적으로 예견되어 있다.

빠른 속도로 다가오고 있는 이 미래는 그나마 살 수 있을 곳으로의 대규모 이주를 낳을 것이고, 이에 대응하고 통제하기 위한 군사적 압력도 더욱 커져갈 것이다. 군대와 군사 기구들은 점점 더 자체적으로 적극적인 행위자의 위치에 오르게 될 것이다. 각 나라들은 지금까지 해오던 대로 당연하다는 듯이 군사력 증강이라는 해법으로 질주할 것이다. 그러나 이러한 방향에서는 문제를 해결할 수 없고 재앙을 피할 수 없다. 국가 간의 경쟁과 갈등은 더욱 커지고 충돌은 보다 빈번해지고 강도가 세질 것이다.

다른 길이 가능할까? 인류 역사에서 전쟁과 식민주의는 오랫동안 계속되어왔다. 많은 나라들에게 부국강병의 꿈과 군사 강대국의 욕망은 국가 이념이자 권력자들의 사상이었다. 자본주의 체제에 와서는 전쟁이 산업화됐고, 국방산업과 방위산업이라는 명분으로 대규모의 군산복합체와 군수산업체가 더욱 강력한 고기술의 무기들을 팔아 막대한 수익을 얻고 있다. 전쟁은 더욱 많은 파괴를 수반하게 됐고, 지속적인 무기 생산을 위해서는 전쟁도 지속해서 일어나야 했다. 매년 전 세계 군비에 대한 통계와 흐름을 분석해 발표해온 스톡홀름국제평화연구소에 따르면 전 세계 군비 지출은 지속적으로 증가했고, 거의 매년 사상 최고 기록을 경신했다. 위협에는 더 큰 위협으로 대응하고, 평화를 얻으려면 압도적으로 우월한 무력을 가지고 있어야 하고, 보복은 몇 배로 할 수 있어야 한다는 신념은 끊임없는 군비증강의 현실이 됐다.

그러나 이러한 군비증강의 군사주의 또는 군사적 성장주의는 한계가 있다. 한쪽의 군비증강은 다른 쪽의 군비증강을 낳는 결과로 이어지지만 그 자체로 다시 서로에게 위협의 원인으로 작동하기에 군사적 충돌을 막기에는 근본적으로 한계가 있다. 그리고 무엇보다 이제 지구의 수용 능력의 한계에서 오는 문제가 분명해지고 있다. 이미 50여 년 전에 예측됐던 '성장의 한계'는 인구, 산업, 생태계, 식량, 자원 등의 붕괴로 이어질 것이다.[40] 언제까지고 계속 군비를 증강할 수 있다는 생각과 욕망은 지속 가능하지 않은 닫힌 길이다. 계속해서 늘어가는 군비의 막대한 비용 문제와 더불어 군비경쟁 대립은 갈수록 격화되는 문제를 만들 것이고, 그럴수록 문민 통제에서 멀어지는 문제도 심화될 것이다.

기후 재난은 멀지 않은 미래에 사회, 경제, 정치 등 인류 문명의 모든 면에서 절대적인 영향을 줄 것이다. 다양해지는 복합 위기에 대처하는 일에 군사력으로 문제를 해결할 수 없다. 재난은 계속 일어나겠지만 그러하기에 더욱 서로의 안전과 생존을 돌보고 함께 사는 길을 찾아 선택해야 한다. 공존과 환대로 향하는 길은 어디서 찾을 것인가? 성장주의의 한계를 극복하기 위해 다양한 탈성장 운동이 세계 곳곳에서 추진되고 네트워크를 이루어가고 있다는 소식이 전해진다. 평화운동을 탈성장 운동과 연결해 재앙과 붕괴에 대비하는 공존의 미래를 상상할 수 있을까?

돌봄이 중심이 되는 '탈성장 평화'라는 길

성장주의에서 벗어나려는 담론과 기획이 '탈장성'이라는 이름으로 등장한 이후 최근 빠르게 확산된 이유는 점점 더 가속화하고 심화하는 기후변화와 재난, 불평등 때문일 것이다. 끊임없는 성장을 추구하는 성장주의는 이익을 뽑아내고 축적하기 위해 지구의 한계선을 초과해 자원을 소모해왔고 식민지를

만들어 수탈하고 세계를 먹어 치워왔다.[41]

　탈성장은 이러한 체제를 넘어서기 위해, 이윤 극대화를 향한 추출과 수탈의 경제가 아닌 다른 종류의 경제로 전환하는 것을 뜻한다. 경제의 중심에서 성장주의를 떼어냄으로써 많은 문제를 해결할 수 있음을 제안한다. 성장주의 경제가 성장을 멈출 때 일어나는 경제 침체나 불황과는 달리 탈성장의 경제에서는 성장 없이 인간의 번영과 생태적 안정성을 유지할 수 있다고 본다.[42] 탈성장은 자원·에너지의 사용과 처리량을 줄여 지구 생명세계가 균형을 이루도록 되돌리고, 생태계를 파괴하는 산업들의 규모를 줄이며, 인간의 생존과 행복에 불필요한 추출과 생산을 줄이고, 필요를 충족하면서 폐기물은 최소화하고, 소득과 부를 공정하게 분배해 성장 없이 번영하며, 식민주의를 끝내고, 그에 대해 배상하고, 개별적 부의 축적 대신 공공의 부가 늘어나 모든 이들의 삶의 질이 향상되는 세계로 향하는 다면적 운동이고 프로젝트이다.[43]

　탈성장은 평화운동의 오랜 전통과도 닿아 있다. 평화운동은 전쟁은 물론, 전쟁을 수행하고 준비하기 위해 군비를 증강하는 것 자체를 비판해왔다. 전쟁은 상대에 대한 살상과 파괴를 목적으로 삼고 있으며 대량의 무기를 소모하고 생명과 생태계를 파괴한다. 전쟁을 위해 군수산업은 대규모로 성장했고 끊임없이 엄청난 자원과 돈이 투입되어왔다. 그리고 이 과정은 안보 사업을 하는 기업들에 의해 사유화됐다. 또한 서구 강대국들은 군사력을 앞세워 오랫동안 남반구의 국가들을 식민지로 점령하고 수탈해왔다. 평화운동은 이러한 군사력 성장주의를 문제 삼고 파괴와 점령과 착취를 반대했다. 그렇기에 군비 축소(군축) 운동은 평화운동의 기본적 활동이자 인식이었으며, 탈성장 운동이기도 하다.

특히 무기와 관련한 평화운동들은 인간의 생존과 생태계의 유지에 직접적으로 연결되어 있다. 핵무기 군축 및 금지와 비확산 운동, 생화학무기 금지 운동, 대인지뢰와 집속탄 금지 운동, 무기 거래 감시 운동과 무기 지원 반대 운동 등은 국제 협약을 체결하도록 국가들을 견인했고 전쟁이 확산되지 않도록 하는 데 큰 동력으로 작용했다. 평화운동은 군비증강의 이면을 직시하고 살상이 목적인 무기를 계속 생산하고 확산하는 산업을 적극적으로 퇴출해 군비 성장주의의 세계를 끝내는 프로젝트였다.

안전과 안보에 대한 욕구는 인간의 취약함에서 비롯된다고 할 수 있다. 인간에게 내재된 두려움과 공격성도 이 취약함에 연결되어 있다. 그렇기에 강함의 추구도, 폭력과 전쟁도 인간의 취약성에 근거한다고 볼 수 있다. 취약성은 인간의 생존을 위해 우선적으로 제거하거나 보완하고 싶은 속성이었다. 그렇기에 안전과 안보를 위한 군사력은 필수적으로 있어야 하는 것이라고 인식되어왔다. 하지만 취약성은 우리가 함께 살아가고 있는 상호의존적 삶의 속성이기도 하다.[44] 인간은 취약하기 때문에 서로가 상호의존하는 관계적 존재가 되고 타인과 공존하며 문제를 극복하는 힘을 키워왔다. 폭력은 인간의 관계와 사회적 유대를 무너뜨리기에, 인간 사회는 폭력 사용을 윤리의 문제로 적극적으로 관리하고 지양해왔다. 평화운동은 이러한 상호의존의 관계를 통해 문제를 극복하는 힘으로서의 비폭력을 추구한다.

탈성장은 추출과 수탈의 체제에서 상호의존하는 호혜의 관계로 회복하기 위한 과정이다. 인간과 지구와의 관계, 인간과 인간의 관계가 상호의존성의 원리로 작동한다. 따라서 탈성장은 지구와 사람의 탈식민화뿐 아니라 우리 마음의 탈식민화 과정이며 공존과 평화를 향한 과정이라 할 수 있다.[45] 이러한 탈성장 평화는 서로 연결되어 있는 존재들의 그물망인 지구에서 공존과 호혜의 관계를 회복하고 다시 뿌리내리는 일이라 부를 수 있다.

성장주의와 추출의 체제가 아닌 호혜의 체제로 전환하는 탈성장 평화는 어떤 사회로 올 것인가? 성장이 아니면 무엇이 중심에 놓인 사회일까? 여러 가지가 가능하겠지만 무엇보다 '돌봄'이 중심이 되는 사회로 올 것이라는 점은 분명하다. 돌봄은 원래 모든 사회의 근간이었다. 성장주의 사회에서는 가시화되지 못하고 평가절하됐을 뿐 마찬가지였으며, 오히려 착취를 통해 성장주의 시장 경제를 가능하게 했던 노동이었다. 출산, 육아, 교육, 주거, 살림, 식사, 건강, 치료, 휴식, 이동, 요양 그리고 생애의 마지막 순간까지 돌봄은 인간의 모든 생활 유지와 삶에 직접적으로 필요하다. 파괴적이고 소모적인 산업이 점점 사라지면 시장과 노동이 전환되어갈 것이며, 서로를 돌보는 일이 경제의 중심에 자리 잡게 될 것이다. 성장주의에서 벗어나면 필요하지 않았던 일들이 줄어들고 노동시간이 줄어, 진정으로 나에게 필요하고 사회적·생태적으로도 삶에 기여할 수 있는 돌봄에 참여하고 평화를 만들어갈 것이다.

돌봄이 중심이 되는 사회를 만드는 일은 기후 재난 시대에 가장 필요한 부분이자 재난의 미래에 적응하고 대비하기 위한 길이기도 하다. 불가피하게 마주할 재난과 인간 생존의 문제에 대해 군사적 방식이 아닌 돌봄의 방식으로 서로 의지하며 헤쳐나가는 것이다. 여기에는 인간에 대한 돌봄을 넘어 하나의 유기체로서의 지구에 대한 돌봄도 포함된다.[46] 숲과 강을 돌보는 것처럼 무생물이나 자원으로 불렸던 지구의 모든 구성원들까지 돌보는 일로 확장해야 한다.

인류는 오랫동안 전쟁을 해왔지만, 또한 인류는 전쟁에 반대하고 억압에 저항하며 공존의 문화를 만들고 유대하며 살아왔다. 권력자들은 모두가 나누어 누릴 자원들을 강탈하고 학살하며 이익을 취해왔지만, 사람들은 서로를 돌보며 생존해왔다. 제국주의와 식민주의가 군대와 무력으로 세계를 지배하고 파괴하는 동안 우리는 서로를 살리며 삶을 꾸려왔다. 지배자들은 군사력을 산업화하며 죽음의 무기를 팔아 돈을 벌었지만 우리는 죽음의 거래를 비폭력 저항으로 막아서왔다.

재난의 세계 앞에 하나의 길만 정해져 있을지 모른다. 이대로 우리가 탈성장하지 않고 계속해서 성장주의 추출의 체제에 머문다면 더 극단화된 재난들에 의해 더 처참한 형태로 더 강제된 채 붕괴되어갈 것이다. 우리에게는 다른 길이 있다. 탈성장하며 만들어갈 돌봄과 공존의 길이다. 그것은 어떻게 덜 착취하며 함께 살아갈 수 있을 것인가에 대한 답을 찾는 길이다.

복합·다중 위기의 시대, 군축에서 희망을

정욱식
평화네트워크 대표
한겨레평화연구소 소장

핵무기와 기후 위기는 여러 가지 공통점을 갖고 있다. 인류를 파멸시킬 수 있는, 그런데 인간이 만들어낸 것이라는 공통점이 이를 대표한다. 하지만 결정적인 차이점도 있다. 핵전쟁은 통제할 수도 억제할 수도 있다. 반면 기후 위기는 '1.5도'를 넘어서는 순간 통제할 수도 억제할 수도 없다.

위기의 시대,
사라진 군축

하루하루 지구촌 곳곳에서 들려오는 소식은 암울하기만 하다. 우크라이나와 가자 전쟁으로 대표되는 전쟁의 확산은 제2차 세계대전 이후 최대 규모로 치닫고 있다. 새로운 전쟁이 시작되는가 하면, 끝났다고 여겨진 전쟁이 재발하기도 한다. 또 전쟁과 무력 충돌이 발생하면 휴전과 종전이 과거보다 훨씬 어려워지고 있고, 휴전과 평화 회복을 위한 유엔 등 국제기구나 주요국들의 역량과 의지도 크게 줄어들고 있다. 인류를 포함한 지구 생명체의 존재론적 위협으로 다가온 기후 위기 대응도 '골든타임'을 놓치고 있다는 진단이 나온다. 이 와중에 민생 위기와 불평등도 나날이 심각해진다. 바야흐로 복합적이고 다중적인 위기가 찾아온 것이다.

국가나 국제사회가 심각한 위기에 처하면 비상한 대책을 세우곤 하는데, 최근에는 이러한 모습마저 찾아보기 어렵다. 군사 문제만 보더라도 그렇다. 과거에 존재했던 군축과 군비통제 조약은 신기루처럼 사라지고, 냉전 시대 못지않은 격렬한 군비경쟁이 지구촌을 휘감고 있다. 스웨덴 스톡홀름국제평화연구소에 따르면 2024년 전 세계에서 지출한 군사비는 2조4,430달러다. 이는 냉전의 절정기였던 1980년대 중반보다 7,000억 달러 이상 증가한 것이다. 또 주요국들의 군비증강 계획과 최근의 전 세계적인 흐름을 종합해볼 때 2030년 이전에 3조 달러를 돌파할 가능성도 높다.

이는 너 나 할 것 없이 '힘에 의한 평화'를 추구하는 데서 나오는 현상이다. 그런데 정작 인류는 '전쟁의 확산'과 '지정학적 대결' 시대에 살고 있다. 여러 나라들이 자신의 군사력이 역대 최강이라고 자랑하면서도 국가안보는 가장 위험한 상황에 처해 있다고도 한다. 무분별한 군비증강과 군비경쟁이 안보 딜레마를 격화시키고 상호 간의 정치군사적 적대감을 심화시키는 현실을 새삼 보여주고 있다.

이뿐만이 아니다. 군비증강과 군비경쟁은 막대한 기회비용을 그 대가로 치르고 있다. 대개 군비증강은 경제성장률에 영향을 받는다. 그런데 최근에는 세계적인 경기침체에도 불구하고 군사비가 지속적으로 증가하고 있다. 이로 인해 세계 GDP에서 군사비가 차지하는 비중이 2020년 2%에서 2023년엔 2.3%로 크게 올랐다. 경기침체와 자원 분배의 왜곡이 만나면 민생고는 그만큼 커진다. 실제로 지구촌 곳곳에서 먹을 것, 입을 것, 살 곳이 부족하고, 아파도 제대로 치료받지 못하며, 교육도 제대로 받지 못하면서 땅이 꺼져라 한숨을 내쉬는 사람들이 늘어나고 있다. 그런데도 군사비는 하늘 높은 줄 모르고 치솟는다.

전쟁의 확산과 군비경쟁의 격화로 인류 사회가 치르고 있는 가장 큰 기회비용은 기후 위기라고 할 수 있다. 이들 군사 활동 자체가 막대한 탄소를 배출하고 있을 뿐만 아니라 기후 위기 대처에 필요한 소중한 재원을 전쟁과 군비경쟁으로 탕진하고 국제협력을 뒷전으로 떠밀고 있기 때문이다. 또 기후 위기가 분쟁의 주요 원인으로 부상해 악순환을 격화시키고 있다는 점 역시 간과할 수 없는 문제이다. 사정이 이러한데도 여전히 군사 부문은 기후 위기 대처에 거대한 사각지대로 남아 있다.

우리가 주목해야 할 현상은 또 있다. '위기가 곧 기회'라거나 '전화위복'이라는 말에서도 알 수 있듯이 군비경쟁이 격화되어 전쟁 위기를 비롯한 여러 부작용이 커지면, 자체적인 군비 조절이나 타국과의 군비통제와 군축 협상을 통해 이를 해결하려는 시도가 나오기 마련이다. 그런데 이마저도 과거지사가 되고 말았다. 이미 존재하던 군비통제와 군축 조약은 대부분 종말을 고

했고 군비통제와 군축 담론마저 거의 실종 상태에 접어들었기 때문이다.

시야를 우리가 살고 있는 한반도, 더 좁게는 대한민국으로 좁혀봐도 문제의 심각성은 여실히 드러난다. 오늘날 한국의 경제위기와 민생고는 '한국전쟁 이래 최악의 국난'으로 일컬어졌던 1990년대 후반 IMF 외환위기에 버금간다. 그런데 그때는 국방비를 줄여 민생을 구해야 한다는 목소리가 높았다. 하지만 그때보다 국방비가 다섯 배 가까이 높아진 오늘날에는 이러한 목소리가 5분의 1도 안 된다. 또 한반도는 세계에서 군사 활동이 가장 활발하게 전개되는 지역 중 하나이자 기후 위기 취약 지역이다. 한미일이 비핵화를 압박할수록 조선은 핵 고도화로 맞서고 있고 한미일이 북핵 고도화를 이유로 군비증강과 군사적 결속을 강화할수록 북중러 연대도 고개를 들고 있다는 점 역시 빼놓을 수 없는 현실이다. 군사적 긴장 고조·민생고·기후 위기·신냉전 등 '복합 위기'의 한복판에 있는 한반도이기에 오히려 지금 군비통제와 군축 논의가 활성화되어야 한다.

단언컨대 군비통제와 군축은 암울한 현실과 미래를 바꾸는 데 크게 기여할 수 있다. 효율적인 국가안보 역량을 구축하면서도 고용·복지·보건의료·교육 등 민생에 필수적인 분야에 투자를 늘려 인간안보와의 균형을 이루는 데 도움이 된다. 가령 같은 액수를 군수산업에 투입할 때보다 교육·보건·사회간접자본 등 민생과 직결된 분야에 투입할 때 일자리 창출 효과가 두 배 정도 높다. 무엇보다도 기후 위기 대처의 실효성을 크게 높일 수 있다. 기후 위기로 인한 절망과 군사강국을 향한 열망이 어느 때보다 높은 시대, '잠시 멈추고 함께 생각해보자'는 취지를 강조하고 싶다.

군축은 기후정의 실현에 얼마나, 어떻게 기여할 수 있을까?

기후정의 실현을 위해서는 크게 두 가지 과제가 요구된다. 하나는 이산화탄소 등 온실가스 배출을 줄여 지구 온도 상승폭을 최대한 '완화'하는 것이다. 또 하나는 변화되는 기후 환경에 '적응'하는 것이다. 평화 군축은 이러한 기후 위기 대처에 큰 기여를 할 수 있다.

우선 군사 활동의 축소는 탄소 배출의 감축으로 이어져 기후 위기 '완화'에 기여하게 된다. 2022년 기준으로 군사 분야의 탄소 배출이 전체 탄소 배출의 5.5%를 차지한 바 있는데, 이는 연간 약 27.5억 톤에 해당된다. 이에 반해 인류가 사용할 수 있는 '탄소 예산'은 얼마 남지 않았다. 탄소 예산은 상승하는 지구의 기온을 특정 온도 이내로 붙잡아두기 위해 허용되는 온실가스 배출 총량을 의미하는데, 산업화 이전 대비 '1.5도 이하' 목표 달성을 위한 탄소 예산은 2,500억 톤밖에 남지 않았다. 매년 380억 톤을 배출한다고 가정하면 7년 이내에 바닥나는 셈이다.

이런 상황에도 전 세계의 군사 활동은 증가 추세에 있다. 2022년에 비해 2023년 전 세계 군사비가 6.8% 늘어났고 화석연료를 대거 사용하는 군사훈련 및 전쟁도 확대되고 있다. 이를 감안해 2023년 군사 부문의 탄소 배출량을 30억 톤이라고 가정해보자. 또 2024년부터 2030년까지 7년간 군사 부문의 연간 탄소 배출량을 2023년 가정치(30억 톤)에서 10%를 줄인다고 가정해보자. 이렇게 하면 7년 동안 군사 부문에서만 21억 톤을 줄일 수 있다. 20%를 줄이면 감축량은 42억 톤이 된다. 42억 톤은 전체 탄소 예산 2,500억 톤의 6%에 근접한다. 또 기후변화협약 사무국이 2023년 9월 공개한 종합 보고서에 따르면, 당사국들이 지금까지 제출한 2030년까지의 감축계획NDC에 따른 온실가스 배출량이 1.5도 이내로 제한할 수 있는 배출량보다 203억~239억 톤이 많다. 군사 부문에서 감축할 수 있는 42억 톤은 이 초과분의 약 20%에 해당된다. 지금까지 사각지대로 남아 있는 군사 부문의 탄소 배출 감축이 기후 위기 완화에 크게 기여할 수 있다는 주장은 이러한 맥락에서 나오는 것이다.

군사 활동은 국방비 책정과 밀접한 관계를 갖고 있는 만큼, 국방비 감축과 감축한 예산의 기후 위기 대처 투입은 '완화'와

'적응' 모두에 기여할 수 있다. 국방비 감축은 해당국의 탄소 배출 감축 및 기후 위기 적응 예산 증대에도 도움이 된다. 또 개발도상국들에게 지원하는 기후 금융 규모를 늘릴 수 있어 이들 나라의 탄소 배출 저감형 산업구조로의 재편 및 기후변화 적응에 기여할 수 있다.

가령 세계 국방비를 2025년부터 2030년까지 6년 동안 연 2조 달러 수준으로 묶어두고, 이를 예상되는 국방비 증액과 비교해보자. 2023년 전 세계 국방비가 2조4,430억 달러였고 올해 여러 나라들의 국방비 증액을 감안하면 2024년 세계 국방비 총액은 최소로 잡아도 2조5,000억 달러가 될 것이다. 또 2025~2030년 세계 국방비 연평균 증가율을 2%로 가정해보면, 6년간 합계는 15조7,700억 달러가 된다. 이에 반해 2025년부터 6년 동안 세계 연 국방비가 2조 달러로 동결되면, 6년 동안 절약할 수 있는 재원은 3조7,700억 달러에 달한다.

이렇게 절약한 재원의 절반을 기후 위기 대응에 사용한다면 획기적인 돌파구를 열 수 있다. 특히 최근 기후변화협약UNFCCC 당사국 회의의 핵심 의제가 되고 있는 '손실과 피해 기금' 조성이 그러하다. 가령 2차 기후 재원의 적용 기간을 2025~2030년 6년간으로 잡고 매년 2,000억 달러를 기후 재원으로 상정한다면, 총 재원은 1조2,000억 달러가 된다. 이 액수는 개발도상국들이 입어왔던 '손실과 피해'에 비해서는 낮지만, 선진국들이

2009년에 약속한 액수보다는 두 배 정도 많다. 그리고 이 액수는 앞서 언급한 세계 국방비 축소분의 3분의 1가량이다. 돈이 없어서가 아니라 엉뚱한 곳에 쓰고 있는 게 문제라는 뜻이다.

불가능한 일로 비춰질 수 있지만, 과거 사례를 복기해보면 꼭 그렇지 않다는 것을 알 수 있다. 냉전이 절정에 달했던 1980년대 중후반 세계 군사비는 2022년 화폐가치로 1조6,000억 달러였지만, 1990년대 중반에는 1조1,000억 달러까지 떨어진 바 있기 때문이다. 군비 축소가 결코 불가능한 일이 아니라는 것을 역사도 보여주고 있는 것이다.

인류는 전쟁과 신냉전 그리고 이 와중에 격화되고 있는 군비경쟁의 시대에 살고 있다. 이것들은 하나같이 상호 간의 경쟁심, 적대감, 배타성을 품고 있다. 그런데 서로 싸우고 다투다가도 외계인이 침공하면 지구를 구하기 위해 서로 힘을 합친다고 한다. 오늘날 외계인의 침공에 해당하는 실존적 위협은 인류 스스로 만들어낸 기후 위기이다. 실마리는 이 지점에서 찾을 수 있다. 인류 스스로 만들어낸 위기이기에 인류가 어떻게 하느냐에 따라 그 흐름과 결과를 바꿀 수 있다.

그래서 '절대 무기'로 불리는 핵무기를 호출해본다. 핵무기와 기후 위기는 여러 가지 공통점을 갖고 있다. 인류를 파멸시킬 수 있는, 그런데 인간이 만들어낸 것이라는 공통점이 이를 대표한다. 하지만 결정적인 차이점도 있다. 핵전쟁은 통제할 수도 억제할 수도 있다. 반면 기후 위기는 '1.5도'를 넘어서는 순간 통제할 수도 억제할 수도 없다. 그러니 이제는 서로를 겨냥한 각종 무기를 내려놓고 1.5도라는 마지노선을 지키기 위해 힘과 지혜를 모아야 할 때다. 군비증가의 종말 시대를 열고 군축을 통해 평화와 기후정의를 실현할 수 있는 대장정에 나서야 할 때라는 것이다.

어떻게 해낼 수 있을까?

군비통제와 군축을 통해 군사적 긴장을 완화하고 기후 위기 등 글로벌 복합 위기 대응에 필요한 재원을 마련하자는 주장은 그 당위성에 비해 현실성은 크게 떨어질 수 있다. '국가안보 예외주의'가 강력하기 때문이다. 실제로 1997년 교토의정서에서 군사 분야 탄소배출량 보고를 제외하기로 했고 2015년 파리협정에서는 의무사항이 아니라 자발적 선택사항으로 남겨두었다. 이러한 상황에서 주요국들을 중심으로 군비 축소를 통해 탄소배출을 줄이고 기후 위기 대응 예산을 늘리자는 주장에 동의할 국가들은 많지 않을 것이다. 2021년 12월에 50여 명의 노벨상 수상자들이 세계의 모든 나라가 국방비를 2%씩 줄여 기후 위기 등에 사용하자고 촉구했지만, 이에 호응한 나라가 거의 없는 현실에서도 이를 잘 알 수 있다. 하지만 이대로는 안 된다는 점 역시 명확하다. 기후 위기 대처가 '시간과의 싸움'이라는 점에서 더욱 그렇다.

군축을 통해 평화와 기후정의를 실현하기 위해서는 세계 시민의 역할과 분발이 전제되어야 한다. 반핵 운동에서 교훈을 찾을 수 있다. 핵무기를 '금기의 무기'로 만들고, 냉전을 촉발·격화시킨 무기를 냉전을 종식시킨 무기로 둔갑시킨 데에는 세계시민의 힘이 크게 작용했다. 핵무기를 만든 핵물리학자들 가운데 일부가 반핵 투사로 변신했고, 의사와 과학자들이 핵실험과 핵무기 사용이 얼마나 인체와 환경에 악영향을 미치는지 밝혀냈으며, 평범한 시민들이 핵전쟁의 공포에 맞서 전 세계 주요 도시를 반핵의 물결로 넘실거리게 만들었다. 글로벌 시민의 힘이 소련의 고르바초프와 미국의 레이건 등 국가 지도자들의 생각을 바꾸게 한 것이다. 이러한 사례를 발판으로 삼아 이제는 '기후 위기가 인류를 끝장내기 전에, 인류가 기후 재앙을 막아야 한다'는 목소리를 결집해 각국 정부와 유엔 등 국제기구에 대한 설득과 압박의 수위를 높여야 한다. 이를 통해 군축을 통한 기후정의 실현에 나설 수 있는 행위자들을 찾아야 한다.

현실적으로 전 세계 모든 나라가 단번에 군비 축소에 합의하고 실천하는 것이 어려운 만큼, 선도국의 역할을 떠올려볼 수 있다. 우선 세계 양대 탄소배출국이자 경제대국이며 군비 지출국가인 미국이나 중국이 솔선수범에 나서야 한다. 2023년 미국의 국방비는 약 9,000억 달러이고, 중국의 국방비는 약 3,000억 달러이다. 이 가운데 10%를 줄여 기후 재원으로 전환한다면 획기적인 돌파구를 만들어낼 수 있다. 또 미·중 가운데 한 나라가 먼저 이러한 선택을 한다면, 상대국뿐만 아니라 전 세계적으로 '선한 영향력'을 발휘할 수 있다.

냉정하게 볼 때, 이상론에 가까울 수 있다. 군산복합체의 영향력이 여전히 막강하고 정치적 양극화 속에서도 대중對中 견제 심리가 매우 강한 미국이 솔선수범을 보일 것으로 기대하긴 어렵다. 중국은 역대 탄소배출량이 미국보다 현저하게 적은 반면에 국방비는 미국의 3분의 1 수준이라는 점을 들어 먼저 나서지 않으려고 할 것이다. 그럼에도 불구하고 이들 나라에 대한 설득과 압박의 수위는 계속 높여야 한다. 군축을 통한 기후 위기 대처의 선도국이 되는 것이, 배타적이고 악의적인 경쟁을 선의의 경쟁으로 전환시키고 우위를 점할 수 있는 진정한 길이라는 점을 설파할 필요가 있다. 이 구상과 실천이야말로 지구촌의 민심을 확보할 수 있는 가장 확실한 방법이기 때문이다.

물론 더 나은 방법은 미·중이 협력해서 두 나라가 함께 나서는 것이다. 이에 따라 미·중이 군비경쟁을 벌이면서 기후 협력을 도모하는 것은 조지 오웰이 말한 '이중사고'에 불과하다는 점을 강조하면서 군비통제와 군축 협력과 기후 협력으로 방향을 전환해야 한다고 목소리를 높여야 한다. 분명한 것은 어떤 형태가 됐든, 군축을 통한 평화와 기후정의 구상에 두 나라가 반드시 포함되어야 한다는 것이다.

일국적, 양자적 차원을 넘어 다자적 방식도 생각해볼 수 있다. 미국과 중국이 포함된 다자주의로는 유엔 안보리 상임이사국 그룹과 G20을 떠올릴 수 있다. 경제 선진국들의 모임인 G20이 지구 온실가스 배출에서 차지하는 비중은 세계 총량의 75~80% 수준이다. 또 G20 소속 국가들은 국방비 지출도 대부분 상위권이어서 세계 국방비의 90%를 차지하고 있다. 이 점을 고려할 때, G20이 군사 활동 축소를 통해 온실가스 배출을 줄이고 국방비 감축을 통해 기후 위기 대응 재원을 마련키로 결의하면 큰 의의를 갖게 될 것이다.

유엔 안보리 상임이사국들이 주도해 '군축을 통한 평화와 기후정의 실현을 위한 결의'를 채택하는 방법도 논의해볼 가치가 있다. 유엔 안보리 상임이사국들은 크게 두 가지 특권적 지위를 유지해왔다. 하나는 공식적인 핵보유국이라는 지위이고, 또 하나는 거부권을 행사할 수 있는 지위이다. 이러한 지위는 유엔 안보리 상임이사국들이 국제 평화와 안정을 지킬 책무가 있다는 것을 전제로 깔고 있다. 그런데 기후 위기가 국제 평화와 안정에 중대한 위협으로 다가오고 있음에도 불구하고 상임이사국들은 그저 눈을 감고 있다. 더구나 이들 5개국은 지구 온난화에 가장 큰 책임을 갖고 있다. 5개 상임이사국(이하 'P5')은 1750년부터 2021년까지의 탄소 배출에 있어서 상위를 차지하고 있다. 미국이 압도적인 1위이고, 중국은 2위, 러시아 3위, 영국 5위, 프랑스 8위이다. 이들 5개국이 현재 지구 온실가스 배출에서 차지하는 비중은 약 30%이다. 또 이들 5개국의 2023년 국방비 합계는 약 1조5,000억 달러에 달해 세계 국방비 총액의 약 60%이다.

이러한 유엔 안보리 상임이사국의 특권과 현황 그리고 책무를 고려할 때, 군비 조절을 통한 기후 위기 대처 기여에 P5가 주도적으로 나서야 한다. 가령 P5가 2023년 대비 국방비를 10% 줄이면, 연간 1,500억 달러를 기후 위기 대응 예산으로 전환할 수 있다. 미국·영국·프랑스와 중국·러시아가 군비경쟁 관계에 있다는 점에서 이러한 결의는 상호 호혜의 맥락도 품고 있다. 또 유엔 안보리 결의는 국제법적 구속력을 갖고 있다는 점에서 다른 유엔 회원국들의 동참을 이끌어내는 데에도 효과적이다.

한반도 문제에 관한 함의도 언급해보고자 한다. 앞서 다룬 것처럼, 한반도는 기후변화 취약 지역 가운데 하나이자 군비경쟁이 가장 치열하게 전개되고 있는 지역이기도 하다. 또 한반도 문제의 핵심은 군사 문제에 있고 그 비중은 나날이 커지고 있다. 이에 반해 남북을 비롯한 한반도 문제 당사자들이 대화와 협상을 재개할 가능성은 매우 희미하다. 이러한 상황에서 '군비통제와 군축을 통한 평화와 기후정의 실현'을 위한 지구적 차원의 노력은 한반도 문제 해결에도 긍정적인 영향을 미칠 수 있다. 군비경쟁이 기후 위기를 악화시키는 주범 가운데 하나라는 전 지구적 차원의 각성과 이를 극복하고자 하는 실천이 힘을 얻으면, 한반도에서도 대규모 한미연합훈련과 조선의 핵실험 및 탄도미사일 시험발사 중단을 의미하는 '쌍 중단' 혹은 '쌍 축소'를 추진할 수 있는 근거를 마련할 수 있기 때문이다.

끝으로 평화네트워크의 포부를 말씀드리고자 한다. 이 글의 요지는 군비경쟁과 기후위기의 악순환에 주목하면서 군비통제와 군축을 통해 기후정의와 평화 실현에 기여해보자는 것이다. 평화네트워크와 필자가 소장을 맡고 있는 한겨레평화연구소는 이러한 문제의식과 포부를 가지고 국내외 여러 전문가 및 단체와 접촉해왔다. 잠정적인 결론은 해볼만 하다는 것이다. 이에 공감하는 사람들도 많이 만날 수 있었다. 하여 평화네트워크는 25년간 축적해온 네트워크를 십분 활용해 이러한 구상을 글로벌 캠페인으로 만들기 위해 노력하려고 한다.

주석

1. 'The machine did it coldly: Israel used AI to identify 37,000 Hamas targets', *The Guardian*, 2024. 4. 3.
2. 'Israel accused of using AI to target thousands in Gaza, as killer algorithms outpace international law', *The Conversation*, 2024. 4. 11.
3. 'White House AI exec order raises questions on future of DoD innovation', *Breaking Defense*, 2023. 10. 30.
4. 'Why the Military Can't Trust AI, Large Language Models Can Make Bad Decisions—and Could Trigger Nuclear War', *Foriegn Affairs*, 2024. 4. 29.
5. 'US official urges China, Russia to declare only humans, not AI, control nuclear weapons', Reuters, 2024. 5. 2.
6. 'Ukraine has started using Clearview AI's facial recognition during war', Reuters, 2022. 5. 15.
7. 'Elon Musk's Unmatched Power in the Stars', *New York Times*, 2023. 7. 28.
8. 'Ukraine: Uber restarts service in Kyiv amid Russia's invasion', *Business & Human Rights Resource Centre*, 2022. 4. 14.
9. https://cloud.google.com/discover/what-are-ai-hallucinations 참조.
10. https://www.dw.com/en/fact-check-ai-fakes-in-israels-war-against-hamas/a-67367744

11　Michael Flynn, 《Introduction to 5GW(The Citizen's Guide to Fifth Generation Warfare)》, Boone Cutler, 2022.

12　송영무, 《선진 민주국군을 향해: 문재인 정부의 국방정책》, 박영사, 2020, 43~45쪽.

13　https://www.globalfirepower.com/

14　이후 남북합의서에 관한 사항은 통일부 남북관계관리단 홈페이지(https://dialogue.unikorea.go.kr) '남북합의서' 내용을 참고.

15　박미영, 〈미디어오늘〉, '언론의 북한 호칭 어떻게 변천해왔나', 1995. 8. 30.

16　'평화통일과 남북 화해·협력을 위한 보도·제작 준칙', 한국기자협회.(https://www.journalist.or.kr/news/section4.html?p_num=14)

17　이상신 외, 《KINU 통일의식조사 2024: 요약보고서》, 2024, 통일연구원. 이 조사는 2024년 4월 18일~5월 16일 전국 거주 만 18세 이상 성인 남녀 1,001명을 대면 면접 조사했다. 95% 신뢰 수준에서 최대 허용 표집 오차는 ±3.1%P이다.

18　김병로 외, 《김정은 집권 10년 북한 주민 통일의식 2008-20》, 서울대학교 통일평화연구원, 2022. 이 보고서 발간 이후의 북한 주민 통일의식조사는 공개되지 않고 있다.

19　미국 전략국제문제연구소 홈페이지의 다음 링크를 참고. https://www.csis.org/events/report-launch-first-battle-next-war-wargaming-chinese-invasion-taiwan

20　마쓰노 히로카즈(松野博一) 관방장관의 발언.

21　서의동, '[논설위원의 단도직입] 대북 강경책 펴다 북·일 접근 땐 한국 소외…미·일 일변도 벗어나야', 〈경향신문〉, 2023. 3. 15.

22　아베 신조·하시모토 고로·오야마 히로시·기타무라 시게루, 《아베 신조 회고록》, 유성운 옮김, 마르코폴로, 2024, 394~396쪽.

23　2002년 10월 내각부 여론조사 결과.

24　《아베 신조 회고록》, 338쪽.

25　Mathew Burrows, 'Ending the War in Ukraine: Harder Than It Seems', STIMSON, 2024. 2. 22.

26 'Ukraine calls them meat assaults: Russia's brutal plan to take ground', BBC, 2024. 7. 4.
27 Samuel Charap, Sergey Radchenko, 'The Talks That Could Have Ended the War in Ukraine', *Foreign Affairs*, 2024. 4. 16.
28 Luliia Osmolovska, Volodymyr Havrylov, Hennadiy Makasak, 'Five Security Scenarios on Russian War in Ukraine for 2024-2025', GLOBSEC, 2023.
29 'Zelenskyy to Trump: If you have a plan to end the war, tell us now', *Politico*, 2024. 7. 3.
30 장형수·김석진·임을출, 〈북한 경제발전을 위한 국제협력체계 구축 및 개발지원전략 수립 방안〉, 통일연구원, 2012.
31 세계은행 2022. "At the Front Line : Reflections on the Bank's Work with China over Forty Years (1980-2020)", 워싱턴 DC
32 장형수·송정호·임을출, 〈다자간 개발기구의 체계 및 활동〉, 통일연구원, 2008.
33 김석진, 〈개발원조의 국제규범과 대북정책에 대한 시사점〉, 산업연구원, 2009.
34 박지연 외, '국제사회의 개발협력 패러다임과 북한개발협력: 새천년개발목표(MDGs)와 지속가능개발목표(SDGs)를 중심으로', 〈아태연구〉 제23권 2호, 2016, 249~275쪽.
35 The Lancet Public Health, 2024, DOI : https://doi.org/10.1016/S2468-2667(24)00055-0
36 통계청, '노지 과수 재배면적', 2024.
37 〈UN난민기구 2023년 연례보고서〉
38 양욱, 〈북한 핵·WMD 대응을 위한 국방전략 : '한국형 3축 체계'를 통한 억제 전략의 효과와 한계〉, 아산정책연구원, 2022.
39 '[밀덕텔링] [단독] 글로벌 AI 기업 팔란티어, 한국 방산시장 진출 타진', 〈비즈한국〉, 2024. 4. 3.
40 도넬라 H. 메도즈, 데니스 L. 메도즈, 요르겐 랜더스, 《성장의 한계》, 김병순

옮김, 갈라파고스, 2012, 13~31쪽.

41 제이슨 히켈, 《적을수록 풍요롭다》, 김현우, 민정희 옮김, 창비, 2021, 146~151쪽.
42 《적을수록 풍요롭다》, 272쪽.
43 마티아스 슈멜처, 안드레아 베터, 아론 반신티안, 《미래는 탈성장》, 김현우, 이보아 옮김, 나름북스, 2023, 30~31쪽.
44 주디스 버틀러, 《비폭력의 힘》, 김정아 옮김, 문학동네, 2021, 65쪽.
45 《적을수록 풍요롭다》, 330~369쪽.
46 신지혜, 한윤정, 우석영, 권범철, 이재경, 조미성, 《기후 돌봄》, 산현글방, 2024, 100~101쪽, 129~131쪽.